Clarissa v. Reinhardt

WELPEN
Anschaffung, Erziehung und Pflege

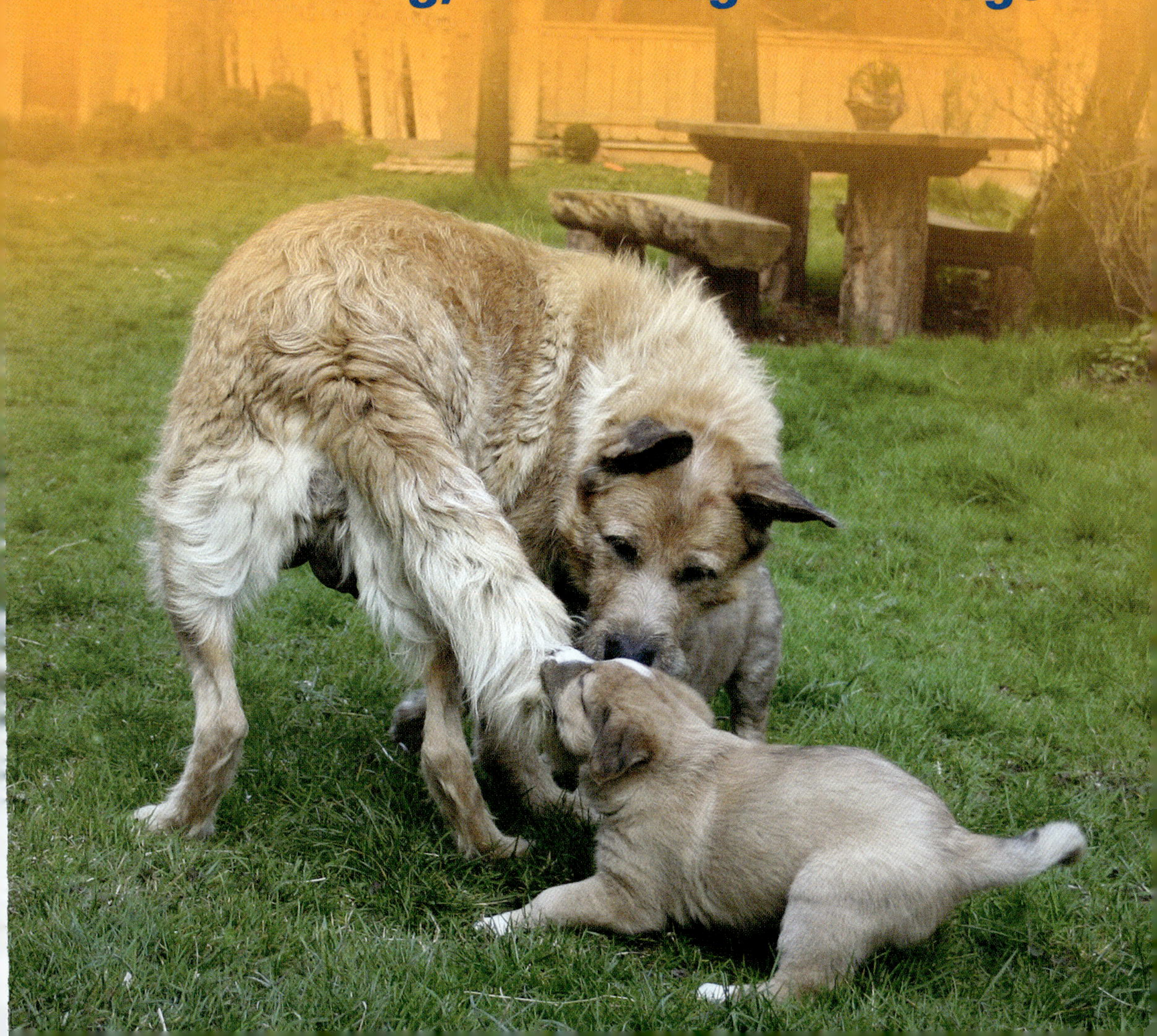

ISBN 978-3-936188-26-4

Lektorat: Susanne Artmann
Fotos Umschlag vorne: Annette Gevatter, Dagmar Spörl,
Susanne Artmann, Andreas Wille;
Schmutztitel: Olaf Schröder;
Umschlag hinten: Burkhard Pretzer
alle anderen: siehe Bildnachweis S. 136
Satz & Layout: Annette Gevatter, Riegel a. K.
Druck: FINIDR, s.r.o., Český Těšín, Tschechische Republik

animal learn Verlag
Am Anger 36, 83233 Bernau
Email: animal.learn@t-online.de
www.animal-learn.de

Inhalt

Vorwort

Der erste Welpe, ein Collie namens Arco, kam in mein Elternhaus, als ich fünf Jahre alt war. Mit kindlicher Neugier staunte ich über dieses kleine Wesen, das noch jünger war als ich selbst, was ich damals besonders erwähnenswert gegenüber Nachbarn und Freunden fand, denn bisher war ich die jüngste, die kleinste in der Familie und nun gab es jemanden, der mich als „Nesthäkchen" ablöste. Ich fühlte mich schon fast erwachsen, wollte bei der Pflege und Aufzucht des Hundebabys helfen – und machte natürlich ganz viele Fehler. Dank der Anleitung meiner Eltern aber keine sehr gravierenden, weshalb aus Arco durch ihre Erziehung und trotz meiner Einmischung letztendlich ein gut sozialisierter, stattlicher Rüde wurde, der durch nichts und niemanden aus der Ruhe zu bringen war.

Die Erziehung bestand darin, dass Arco gelobt wurde, wenn er etwas richtig machte, ein Leckerchen bekam, wenn er ein Kommando befolgte und gesagt bekam, dass bestimmte Verhaltensweisen inakzeptabel seien, zum Beispiel, wenn er die Tapete anfraß, das Blumenbeet umpflügte oder sonstige Dinge tat, die ein Welpe eben so tut, während er heranwächst.

Wir Kinder, es gab außer mir noch einen damals siebenjährigen Bruder, wurden angeleitet, den Hund immer fair und freundlich zu behandeln. Der Leitspruch unserer Eltern war: Behandle den Hund (später die Hunde, denn es kamen noch einige hinzu) immer so, wie Du selbst behandelt werden möchtest. Ich erinnere mich noch genau, wie ich mich eines Tages lauthals plärrend bei meinem Vater darüber beklagte, dass Arco mich gezwickt hatte, worauf dieser nur in aller Ruhe antwortete, da werde der aber sicher einen Grund dafür gehabt haben. Natürlich bestritt ich dies energisch, aber auf bohrende Nachfragen meines Vaters gab ich dann doch zu, dass ich Arco frisiert und dabei vielleicht im Fell geziept hatte, als ich ihm die Zopfspangen meiner Puppe einflechten wollte. Mein Vater erklärte mir, dass der Hund sich in diesem Moment etwa so gefühlt hatte wie ich, wenn meine Mutter mir morgens die langen Haare bürstete und mir dabei – wenn auch nicht absichtlich – weh tat. Das leuchtete mir ein und so erklärte ich meiner Mutter am nächsten Tag, dass ich „Abschnappen" würde, falls sie mir beim Kämmen weh täte. Das sei ein ganz normales Verhalten bei Hunden, und da wir Kinder ja davon ausgehen sollten, dass sich Kinder und Hunde sehr ähnlich seien und etwa gleich empfinden und reagieren würden, müsse sie ab jetzt vorsichtig sein, wenn sie nicht meine Zähne in ihrer Hand spüren wolle. Kindliche Logik. Nach längerer Debatte entschieden wir uns für eine Kurzhaarfrisur für mich und so wurden meine Haare kurz nach Arcos Ankunft in unserem Haushalt abgeschnitten. „Ja, so was kommt von so was.", sagte meine Großmutter immer oder „Ein Hund verändert Dein Leben."

Aus heutiger Sicht hat Arco in seiner Welpen- und Junghundezeit die Höhen und Tiefen kennen gelernt, die ein ganz normaler Haushund mit einer Familie durchlebt, die sich durchschnittlich begabt bei der Haltung ihres ersten Hundes anstellt. Eine Hundeschule, Welpenspielgruppe oder Ähnliches besuchte er Zeit seines Lebens nie und manchmal frage ich mich, ob er vielleicht gerade deshalb ein so unkomplizierter und freundlicher Hund wurde?! Aber mehr dazu im Kapitel über Hundeschulen und Welpenspielgruppen weiter hinten im Buch...

Arco ist längst verstorben, andere Hunde lebten mit uns, inzwischen gründete ich eine eigene Familie, die ebenfalls aus Menschen und Hunden besteht und aus meiner kindlichen Begeisterung für diese wunderbaren Tiere wurde zuerst ein Hobby und dann mein Beruf. Seit mehr als 15 Jahren arbeite ich nun als Trainerin und habe viele Welpen in meiner Hundeschule betreut, sie mit aufwachsen sehen und in einigen Fällen erlebt, wie sie nach der Blütezeit ihres Lebens langsam alt wurden und

schließlich starben. Doch nicht allen Welpen war es vergönnt, in ihren Familien glücklich zu werden, und viele Male habe ich bei der Vermittlung in ein neues Zuhause geholfen, weil die „frisch gebackenen Hundeeltern" vollkommen überfordert mit der Pflege, Aufzucht und Erziehung eines jungen Hundes waren.

Das Buch, das Sie nun in Händen halten, enthält viele der gemachten Erfahrungen und soll eine Anleitung für alle sein, die sich entweder überlegen, einen Welpen ins Haus zu holen oder dies bereits getan haben. Es ist so aufgebaut wie eine Beratung in meiner Hundeschule. Stellen Sie sich vor, Sie säßen jetzt vor mir im Besprechungszimmer, vor Ihnen auf dem großen Buchentisch stünde eine Tasse heißer Tee und ich würde Ihnen alles erzählen, was ich im Zusammenhang mit der Aufzucht, Anschaffung, Pflege und Erziehung eines Welpen als Basiswissen an Sie weiter geben möchte.

Wenn Sie dieses Buch gelesen haben, werden Sie hoffentlich viele gute Ideen, Anregungen und Tipps gefunden haben. Gesagt ist dann aber längst noch nicht alles. Lassen Sie Ihren Welpen zu Wort kommen, denn er weiß noch einiges mehr zu berichten...

Einleitung

Einen Welpen groß zu ziehen ist eine wundervolle und zugleich gewaltige Aufgabe – und genau das gilt es zu bedenken. In der Regel denken Menschen aber über die Anschaffung eines Welpen nach, während sich in ihren Gedanken niedliche Bilder von kleinen, putzigen Hundekindern auftun, die sie unschuldig, verträumt oder auch mal etwas schelmisch anschauen. Mit diesen Bildern im Kopf suchen sie sich einen Welpen aus, nehmen ihn mit nach Hause – und erfahren, dass die Ernüchterung auf dem Fuße folgt.

Denn selbstverständlich ist es so, dass ein Welpe uns anrührt, wir ihn niedlich finden und am liebsten hegen und pflegen möchten, denn durch das von Konrad Lorenz beschriebene Kindchenschema im Aussehen werden unsere elterlichen Instinkte wach gerufen. Aber zu einer guten Aufzucht und Erziehung eines Hundekindes gehört viel mehr, als ihn niedlich zu finden, ihm Futter und Wasser bereitzustellen und ab und zu mit ihm raus zu gehen. Da viele Hundehalter dies aber erst bemerken, wenn der kleine Kerl bereits seit einiger Zeit bei ihnen lebt, kommt es dann leider allzu häufig zu einer Rückgabe des jungen Hundes, weil sie sich schlichtweg überfordert fühlen.

Damit Ihnen das nicht passiert, möchte ich Ihnen raten, die Anschaffung eines Welpen noch einmal zu überdenken, auch wenn Sie dieser Rat als Einleitung zu einem Buch über Welpen vielleicht überraschen mag. Denn es gibt viele gute Gründe, sich für einen ganz jungen Hund zu entscheiden – aber auch einige dagegen. Betrachten wir letztere genauer.

Ich würde Ihnen zum Beispiel von der Anschaffung eines Welpen abraten, wenn ein oder mehrere Kinder unter fünf Jahren in Ihrem Haushalt leben. Die Erfahrung zeigt, dass die sorgfältige Erziehung eines oder

mehrerer kleiner Kinder sehr viel Zeit, Mühe, Arbeit und Geduld erfordert. Als liebevolle Mutter oder Vater werden Sie all das sicher gern investieren, aber die Frage ist, ob dann noch ausreichend viel Energie, Zeit und Geduld dafür übrig bleibt, ein weiteres Baby, das noch dazu einer anderen Art angehört und daher ganz andere Bedürfnisse hat, aufzuziehen. Zusätzlich handelt es sich um ein Baby, das sich rasend viel schneller entwickelt als der eigene Nachwuchs – was den Vorteil hat, dass der Hund schneller aus den sehr pflegeintensiven Phasen herauswächst, aber auch den Nachteil, dass diese Phasen in ihrer Kürze sehr viele richtig gesetzte Lernreize beinhalten müssen, damit der Welpe sich dann auch zu dem ausgeglichenen, gut sozialisierten, erwachsenen Hund entwickelt, den Sie sich wünschen.

Es gibt viele unterschiedliche Überlegungen diverser Autoren und Kynologen dazu, was in diesen Entwicklungsphasen passiert und wann genau sie stattfinden. In Anlehnung an die Einteilung von Feltmann-v. Schröder hier eine kurze Beschreibung, die Ihnen einen Überblick darüber verschafft, wie schnell ein Hund heranwächst und wie viel er dabei über seine belebte und unbelebte Umwelt lernen muss, damit er sich später problemlos darin zurecht findet.

Die sozialen Entwicklungsphasen des Welpen

Das vegetative Stadium
(1. + 2. Lebenswoche)

Welpen sind Nesthocker, die taub und blind geboren werden. Sie sind noch völlig hilflos, weshalb die Aktivitäten der Mutterhündin beinahe ausschließlich der Betreuung der Welpen dienen. Der Tastsinn, Temperatursinn, Geschmackssinn, das Schmerzempfinden und der Gleichgewichtssinn wurden schon vor der Geburt und die Geruchswahrnehmung über das Mund-Riechorgan unmittelbar nach der Geburt entwickelt, während die Geruchswahrnehmung über die Nase erst später ausgeprägt wird.

Das Stadium des Erwachens
(3. Lebenswoche)

Im Alter von ca. 10 bis 14 Tagen öffnen die Welpen die Augen und der Gesichtssinn wird aktiviert. Der Gehörsinn wird kurz darauf, etwa im Alter von 17 Tagen, ausgebildet. Beides ermöglicht, dass Umwelteindrücke differenzierter wahrgenommen werden können. Die Mutterhündin betreut ihre Welpen sorgfältig, aber sie hält sich nicht mehr ausschließlich bei ihnen auf.

Das Stadium der Eroberung der Umwelt
(4. bis etwa 20. Lebenswoche)

In dieser Zeit werden die motorischen Fähigkeiten verstärkt trainiert, die Umwelt erobert und die psychischen Reaktionen darauf erlernt. Das Sozialverhalten dem Artgenossen und dem Menschen gegenüber entwickelt sich. Es wird geübt und ausprobiert, welches Verhalten welche Reaktionen nach sich zieht. Die intensive Betreuung durch die Mutterhündin nimmt mit dem Selbständigwerden der Welpen ab. In dieser Zeit werden die Welpen den übrigen Rudelmitgliedern vorgestellt (sofern vorhanden) und diese dürfen selbständig Kontakt mit ihnen aufnehmen. Die ersten spielerischen Elemente von späteren Disziplinierungsmaßnahmen, wie zum Beispiel der Schnauzengriff, werden schon ab der vierten Woche ausprobiert. Ab der sechsten Woche muss der Welpe lernen, die Individualdistanz zu beachten.

Das Stadium des Umgangs mit der Umwelt
(etwa 21. Lebenswoche bis zur Geschlechtsreife)

Der junge Hund wird zunehmend selbstbewusster und unabhängiger. In den Spielinhalten findet sich verstärkt das Beute- und Jagdverhalten wieder und im Sozialverhalten gegenüber Artgenossen entscheidet in erster Linie die psychische Sicherheit darüber, wie Begegnungen verlaufen.

Das Ausbilden der Geschlechtsreife ist von hormonellen Schwankungen begleitet, die das Verhalten des Hundes beeinflussen. Er unterliegt Stimmungsschwankungen, ist unkonzentrierter und fahriger, manchmal auch betont alberner oder melancholischer als bisher. Bei der Erziehung ist die Geduld und das Einfühlungsvermögen des Halters jetzt besonders gefragt. Es gilt, dem jungen Hund das ein oder andere Verhalten verständnisvoll nachzusehen, während gleichzeitig aber auch klare Grenzsetzungen erfolgen müssen, wenn er allzu sehr über die Strenge schlägt. Diese Grenzsetzungen dürfen niemals durch übertriebene Strenge erfolgen, da dies das Vertrauen des Hundes in seinen Halter untergraben kann. Gerade in dieser Zeit der Gefühls- und Stimmungsschwankungen ist eine ruhige, souveräne und faire Führung besonders wichtig, an der sich der Hund vertrauensvoll orientieren kann.

Zusätzlich muss der junge Hund vieles lernen, durchlebt den Zahnwechsel und einige typische „Kinderkrankheiten" und muss an das Mitfahren im Auto, das Alleinbleiben und viele weitere Verhaltensweisen und Dinge gewöhnt werden. Damit er keine Trennungsangst entwickelt, sollte er anfangs gar nicht und später nur kurz allein gelassen werden und zusätzlich muss er behutsam an Erfahrungen wie zum Beispiel den Tierarztbesuch herangeführt werden.

Deshalb empfehle ich Familien mit kleinen Kindern, aber auch Menschen, die beruflich sehr angespannt, chronisch krank oder sonst übermäßig belastet sind, lieber über die Anschaffung eines erwachsenen Hundes nachzudenken, der bereits über eine ausgereifte Persönlichkeit verfügt und schon gelernt hat, „....wo's im Leben lang geht".

Wenn Sie jedoch nach reiflicher Überlegung und realistischer Einschätzung Ihrer Möglichkeiten überzeugt davon sind, ausreichend gerüstet für die Aufnahme eines Welpen zu sein, so müssen Sie als Nächstes darüber nachdenken, welche Art von Hund bei Ihnen einziehen soll. Welcher passt zu Ihnen? Heinz Weidt und Dina Berlowitz schreiben hierzu:

> *Für eine tier- und gesellschaftsgerechte Hundehaltung muss die Passung zwischen Mensch und Hund stimmen. Sie wird im Wesentlichen durch zwei sich unterstützende Faktoren erreicht:*
>
> *Die realistische Auswahl eines Hundes nach denjenigen Eigenschaften einer Rasse und differenzierter Zuchtrichtung (oder eines Mischlings, Anmerkung der Autorin), die zu den Lebensumständen des Halters tatsächlich passt.*
>
> *Die an einen Hund gestellten Erwartungen erfordern als Gegenleistung aber auch die entsprechenden Beschäftigungsmöglichkeiten und die passende Haltungsumwelt.*

Es geht also darum, sich als sportlich ambitionierter Mensch nicht ausgerechnet einen Basset anzuschaffen, der stundenlange Wanderungen nicht mitmachen kann, weil seine kurzen Stummelbeine das Gewicht seines mächtigen Körpers sowieso kaum tragen können, oder sich nicht für einen Border Collie oder Malinois zu entscheiden, wenn man es sich eher gern zu Hause auf dem Sofa gemütlich macht und einen schon der Gedanke an ausgedehnte Spaziergänge und körperliche Betätigung erschöpft.

Dann gibt es noch grundsätzliche Überlegungen wie

🐾 Wer übernimmt innerhalb der Familie welche Aufgaben bei der Versorgung und Betreuung des Hundes?

🐾 Wer kann sich um den Hund kümmern, wenn man krank ist oder in den Urlaub fliegen möchte?

🐾 Falls es einen Vermieter gibt: Stimmt dieser der Hundehaltung zu? Lassen Sie sich sein Einverständnis unbedingt schriftlich geben!

🐾 Können und wollen Sie sich einen Hund leisten? Es fallen Kosten für die Anschaffung, das Futter, Impfung und Entwurmung, die erste Ausstattung an Näpfen, Leinen usw. an. Der Hund muss versichert werden und braucht bei Krankheit oder Verletzung medizinische Betreuung.

🐾 Sind alle Familienmitglieder mit der Anschaffung eines Hundes einverstanden? Es ist insbesondere für einen Welpen, aber auch für einen erwachsenen Hund keine schöne Erfahrung, mit jemandem zusammen leben zu müssen, der/ die ihn eigentlich ablehnt.

Machen Sie sich eine Checkliste, auf der Sie alle für Sie wichtigen Punkte notieren und klären Sie diese im Familienrat oder mit Freunden und Bekannten, falls Sie allein leben. Gehen Sie sicher, dass der Wunsch nach einem Welpen nicht nur einer spontanen Idee entspringt, sondern ein sorgfältig geplanter Schritt ist, auf den Sie und alle Familienmitglieder sich freuen. Erst dann stellt sich die Frage...

Woher soll der Welpe kommen?

Vielleicht ist Ihr erster Gedanke, sich einen Welpen bei einem Züchter zu kaufen. Den meisten Menschen geht es so, allerdings gibt es auch gute Gründe, die gegen diese Möglichkeit sprechen – zum Beispiel der Gedanke an den Tierschutz. Allein in deutschen Tierheimen sitzen etwa 300.000 Hunde, die ein neues Zuhause suchen, darunter auch viele Welpen und Junghunde. 300.000 verlorene Seelen, die darauf warten, von „ihrem" Menschen gefunden zu werden.

Unbestritten gibt es Züchter, die ihre Aufgabe in der Hundezucht sehr ernst nehmen und eine gute und verantwortungsvolle Arbeit leisten. Sie sind bemüht, Erbkrankheiten zu vermeiden und den Hund während seiner ersten Lebenswochen so gut zu betreuen, dass er sich optimal entwickeln kann. Sie investieren sehr viel Zeit, Geld und Engagement und verkaufen die Hunde nur an Menschen, die sie eingehend beraten und überprüft haben. Ich möchte die Arbeit dieser Menschen in keiner Weise herabsetzen, aber trotzdem möge mir so mancher Züchter, der diese Zeilen liest, verzeihen, wenn ich frage, welche moralische Rechtfertigung wir eigentlich überhaupt haben, immer mehr Hunde zu produzieren, solange so viele bereits vorhandene in Tierheimzwingern sitzen und sehnsüchtig auf ein neues Zuhause warten?!

Allein in deutschen Tierheimen sitzen etwa 300.000 Hunde, die ein neues Zuhause suchen...

Denn auch falls Sie sich für einen Welpen einer ganz bestimmten Rasse wie zum Beispiel Collie, Dackel oder Pudel entschieden haben, werden Sie mit etwas Recherchearbeit und Geduld im Tierschutz fündig. Fragen Sie im örtlichen Tierheim nach und suchen Sie bei den vielen überregionalen und teilweise auch international tätigen Tierschutzorganisationen. Im Anhang dieses Buches finden Sie Adressen von Organisationen, mit denen ich schon erfolgreich zusammen gearbeitet habe, aber

natürlich sind dies nur einige wenige und es gibt noch viele weitere. Die meisten Tierschutzvereine, die sich einer bestimmten Rasse verschrieben haben, haben Internetadressen wie zum Beispiel „Collie-in-Not.de".

... darunter auch viele Welpen und Junghunde.

Auf den folgenden Seiten finden Sie Hinweise, worauf Sie bei der Auswahl des Züchters oder der Tierschutzorganisation achten sollten, von der Sie sich einen Welpen holen möchten.

Ein guter Züchter

Ein guter Züchter sollte nicht mehr als eine oder maximal zwei Rassen züchten und nicht mehr als zwei bis drei Zuchthündinnen haben. Von so genannten Massenzüchtern, die mit bunten Prospekten oder in Serie geschalteten Kleinanzeigen damit werben, viele Rassen jederzeit verfügbar vorrätig zu haben, sollten Sie unbedingt Abstand nehmen. Bei ihnen handelt es sich um reine Geschäftemacher, die Tiere – Mutterhündin wie Welpen – als Ware betrachten. Diese „Ware Hund" bleibt oftmals im wahrsten und traurigsten Sinne des Wortes auf der Strecke. Die Tiere sind mangelhaft versorgt und sozialisiert, in der Regel gar nicht oder unzureichend geimpft, oftmals krank, schlecht (weil möglichst billig) ernährt und meistens sehr lieblos in Zwingeranlagen oder umfunktionierten Ställen gehalten.

Diese Welpen eines guten Züchters erkunden mit ihrer Mutter die Umwelt.

Achten Sie deshalb darauf, dass ein für Sie in Frage kommender Züchter immer nur einen Wurf großzieht, denn eine verantwortungsvolle Aufzucht von sechs bis zehn Welpen (je nach Größe des Wurfes) verlangt enorm viel Zeit, Arbeitseinsatz und Engagement. Die Welpen müssen liebevoll umsorgt werden, um Vertrauen zum Sozialpartner Mensch aufbauen zu können. Sie müssen geimpft und entwurmt und regelmäßig in ihrer körperlichen und geistigen Entwicklung beobachtet werden. Diese Arbeit bei gleich mehreren Würfen gleichzeitig bewältigen zu wollen, ist unmöglich.

Außerdem sollten Sie darauf achten, dass die Tiere mit im Haus oder zumindest mit engem Familienanschluss leben, denn nur so kann es zu einer vertrauensvollen und vor allem ausreichenden Prägung auf den Menschen kommen, so dass diesem angstfrei begegnet werden kann. Ebenso sollte der junge Hund an einen ganz normalen Tagesablauf und die in einem Haushalt üblichen Geräusche wie Staubsauger, Fernseher, Telefonklingeln usw. gewöhnt sein – und das ist er nicht, wenn er draußen im Stall aufwächst, abgeschirmt vom Familienleben. Bedenken Sie das, wenn Ihnen ein Züchter mit blumigen Worten erzählt, wie schön die Hunde es draußen im Garten in „ihrem eigenen Reich" haben!

Welpen von Hundevermehrern hingegen haben meist nichts außer ihrem Zwinger kennen gelernt.

Manche Züchter übertreiben ihre Bemühungen einer guten Sozialisation allerdings auch und setzen die Welpen zu früh zu vielen Reizen aus. Der Welpe kann so viele neue Lerninformationen auf einmal aber gar nicht verarbeiten und wirkt überfordert und gestresst. Machen die Welpen einen zufriedenen, ausgeglichenen Eindruck, ist dies ein gutes Zeichen.

Das Fell sollte nicht stumpf oder verklebt sein; dies lässt Rückschlüsse auf eventuelle Krankheiten und/ oder mangelnde Hygienemaßnahmen zu. Natürlich machen sich Welpen auch mal schmutzig, ebenso wie kleine Kinder, und das ist auch gut und richtig so. Wenn Sie aber einen jungen Hund vorfinden, der einen insgesamt schmuddeligen, verwahrlosten Eindruck macht und in dessen Umgebung Sie verdreckte Näpfe, gammeliges Wasser, viele Kotreste usw. vorfinden, sollten Sie gewarnt sein. Auch die Augen eines Hundes geben Auskunft über die Haltungsbedingungen. Sie sollten klar sein, denn verklebte, geschweige denn vereiterte Augen zeigen, dass der Hund krank ist. In der Regel sind die Verkäufer in solchen Aufzuchtstätten nicht sehr auskunftsfreudig und weichen auf gezielte Fragen nach den Elterntieren, nach bestimmten Eigenschaften der Welpen oder anderen Details aus oder beantworten

Wenn Welpen und Mutterhündin einen zufriedenen und ausgeglichenen Eindruck machen, ist das ein gutes Zeichen.

sie mit allgemeinen Floskeln wie „Ja, aufgeweckt sind die alle." oder „Die werden schon noch zutraulich, wenn man sich mit ihnen befasst." usw.

Ich kann Ihnen nur dringend empfehlen, einen Welpen, der in solchen Haltungsbedingungen aufwächst, nicht zu kaufen, denn bei einem solchen Vermehrer (Züchter sollte man ihn gar nicht nennen) wird mit dem

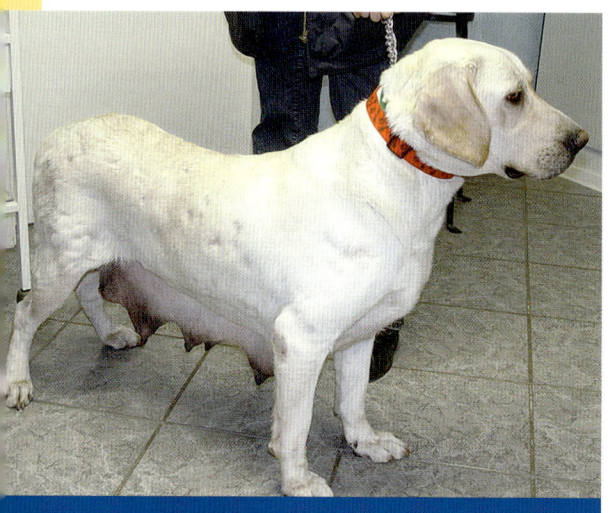

Elend der Hunde und dem Mitleid der Menschen, die diese Hunde in ihrem Elend sehen, verdient. In dem Moment, in dem Sie für den armen Wurm zahlen, geht die Rechnung des Händlers also auf – und es ist ihm vollkommen egal, was Sie von ihm denken oder ob Sie ihn mit strafenden Blicken ansehen. Außerdem werden für diesen von Ihnen bezahlten Welpen andere nachrücken, denen es genauso schlecht ergehen wird, da sich ja immer wieder Menschen finden, die sie aus Mitleid „freikaufen".

Ich kann das Gefühl des Mitleids und der Wut angesichts solcher Zustände gut verstehen und gerade deshalb rate ich Ihnen: Kaufen Sie wirklich nicht. Aber werden Sie aktiv! Verständigen Sie den zuständigen Amtstierarzt, den ansässigen Tierschutzverein und die Lokalpresse. Verbreiten Sie über Mund-zu-Mund-Propaganda und über das Internet, vor allem in den entsprechenden Rasseforen, was Sie gesehen haben und ergreifen so die Möglichkeit, solchen Geschäftemachern ihren Profit zu nehmen, denn dies ist die einzige, gleichzeitig aber wirksamste Me-

Die Zuchthündinnen bei Massenzüchtern werden als Gebärmaschinen missbraucht und unter unwürdigen Bedingungen gehalten.

thode, die Massenzucht auf Dauer abzuschaffen oder doch zumindest einzudämmen. Wenn keiner mehr kauft, wird nicht mehr für Nachschub gesorgt, denn die Nachfrage regelt das Geschäft.

Von einem guten Züchter dürfen Sie hingegen erwarten, dass sich die Tiere in einem einwandfreien physischen wie psychischen Zustand befinden und dass er sich wirklich Zeit für Ihre Fragen nimmt und Sie umfassend über die Eigenschaften der Rasse, der Elterntiere und der einzelnen Welpen informiert. Im Gegenzug sollten Sie aber auch Verständnis dafür haben, dass er Ihnen viele Fragen über Ihre Erwartungen an den Hund stellt und Ihre generelle Einstellung gegenüber Hunden prüft. So könnte er Sie zum Beispiel fragen, wie Sie wohnen, ob der Hund bei Ihnen vollen Familienanschluss haben wird, mit welchen Methoden Sie ihn erziehen möchten usw. Verstehen Sie dies bitte nicht als Misstrauen Ihnen gegenüber, sondern im Gegenteil als verantwortungsvollen Versuch, Sie und einen Welpen bestmöglich auf dem neuen, gemeinsamen Weg zu unterstützen.

Ein guter Züchter kümmert sich liebevoll um Muttertier und Welpen, sorgt frühzeitig für eine gute Sozialisierung und berät Interessenten gewissenhaft.

Manche Züchter geben sich wirklich sehr viel Mühe und stellen zum Beispiel eine Mappe mit allen wichtigen Informationen für Sie zusammen. Oftmals sind diese Mappen sehr liebevoll gestaltet und geben Ihnen Auskunft über

- die Rasse
- die Elterntiere
- den von Ihnen ausgesuchten Welpen mit Fotos verschiedener Entwicklungsstadien
- die bisher verwendete Fütterung inkl. der Fütterungszeiten
- allgemeine Ratschläge zur Erziehung und zum Umgang mit dem Welpen
- Literaturempfehlungen.

Außerdem enthalten sie

🐾 die Papiere (Zuchtbucheintragung, Impfausweis, Entwurmungs-kalender, Chipnummer bei entsprechender Registrierung usw.)

🐾 die Visitenkarte/ den Hausprospekt des Züchters, damit Sie bei eventuell aufkommenden Fragen seine Telefonnummer parat haben

🐾 den Kaufvertrag.

WICHTIG: Werden Sie ruhig ein wenig misstrauisch, wenn Ihnen ein Züchter seine Hunde allzu fabelhaft und „ganz ohne Nachteile" an-preist. Es liegt zwar in der Natur der Sache, dass ein Mensch die Rasse züchtet, von der er begeistert ist und diese deshalb auch entsprechend anpreist, aber ein fairer Züchter sollte Ihnen auch sagen, wo sich even-tuell Schwierigkeiten aufzeigen könnten. Hierzu zwei Beispiele, für die ich extra Rassen ausgewählt habe, für die ich mich ausdrücklich be-geistere, damit nicht der Eindruck entsteht, ich hätte speziell gegen sie etwas einzuwenden.

Collies gelten als aufgeschlossene und fröhliche, aber auch sehr bellfreudige Hunde.

Wenn Sie sich für einen Collie entscheiden, haben Sie einen Hund ge-wählt, über den es viel Gutes zu sagen gibt: Er ist in der Regel leicht zu erziehen, verhält sich im Haus eher ruhig und unauffällig, macht draußen aber die meisten Freizeitaktivitäten begeistert mit. Bei normaler Sozialisa-

tion ist er ein ausgesprochen aufgeschlos-sener und fröhlicher Hund, der sich gut an das Leben mit Erwachsenen und Kindern und auch anderen Hausbewohnern wie Katzen, Kaninchen usw. anpasst. Insge-samt wundervolle Hunde, ich habe selbst zwei. Allerdings tragen auch viele Collies einen Gendefekt in sich, der sie sehr emp-findlich auf eine Vielzahl von Medikamen-ten reagieren lässt, was bei tierärztlichen Behandlungen unbedingt berücksichtigt werden muss, und diese Rasse ist sehr bellfreudig, insbesondere bei guter Laune. Letzteres kann einem selbst oder auch den Nachbarn schon mal auf die Nerven gehen.

Haben Sie sich für einen Hovawart entschieden, werden Sie einen stattlichen, selbstbewussten und wunderschönen Hund erhalten, der – wie der Name schon sagt – beachtliche Fähigkeiten darin entwickelt, das Haus/ den Hof zu bewachen. Ehe Sie sich versehen, steht Ihr Besuch an der Wand und wird von Ihrem gerade dem Junghundalter entwachsenen Hovawart unmissverständlich aufgefordert, nicht weiter in das Territorium der Familie einzudringen, solange dem nicht ausdrücklich zugestimmt wurde. Mein Hovawart-Mischlingsrüde zum Beispiel erledigt diese Aufgabe mit einer solchen Souveränität und Eleganz, dass es mich immer wieder beeindruckt und ich sehr zufrieden feststelle, dass niemand unser Haus betritt, den ich da nicht haben möchte. Aber – man sollte mit den Fähigkeiten dieser Rasse umgehen und sie in gewünschte Bahnen lenken können. Für mich zählt der Hovawart zu den Rassen, die ich wirklich zu schätzen weiß, sehe ich einen, „schlägt mein Herz höher" wie man so schön sagt und doch würde ich zum Beispiel einem Anfänger in Sachen Hundehaltung von dieser Rasse abraten.

Sie sehen also, den perfekten Hund gibt es nicht, es gibt vieles zu bedenken und deshalb ist es gut, sich umfassend zu informieren. Hierfür gibt es eine Vielzahl von Möglichkeiten:

🐾 Informieren Sie sich bei mehreren Züchtern und machen Sie sich Notizen darüber, welche Auskünfte Sie erhalten. Manchmal zeigt sich eine gute Übereinstimmung, manchmal klaffen die Lücken in

Der Hovawart ist ein intelligenter, selbstbewusster Hund, dessen Führung Erfahrung und Fingerspitzengefühl erfordert.

den jeweiligen Beschreibungen aber auch erheblich – was einen zum Nachdenken anregen sollte.

🐾 Besuchen Sie Internetforen und fragen Sie dort nach Erfahrungen, die Menschen mit dieser Rasse gemacht haben. Geben Sie dort ruhig an, dass Sie die Anschaffung eines solchen Hundes erwägen und gern Ratschläge hätten, was Sie dabei beachten sollten. Es ist immer gut zu erfahren, was Menschen sagen, die tatsächlich mit diesen Hunden zusammen leben und kein Verkaufsinteresse haben.

🐾 Eventuell können Sie versuchen, persönlichen Kontakt zu Haltern dieser Rasse aufzunehmen, um die Tiere mal „life" zu erleben. Es ist ein großer Unterschied, ob man zum Beispiel einen Bernhardiner knuddelig und schlabbernd im Fernsehen sieht oder ob er mit seiner ganzen Kraft und Größe vor einem steht und einem während seines freundlichen Kopfschüttelns die Schleimfäden um die Ohren und auf die Kleidung fliegen... ☺

🐾 Sprechen Sie einen Tierarzt darauf an, ob die von Ihnen gewählte Rasse dafür bekannt ist, sehr anfällig für bestimmte Krankheiten zu sein.

🐾 Glauben Sie keinesfalls Pauschalisierungen wie „kinderlieb", „idealer Familienhund" usw. Ob ein Hund Kinder liebt, hängt davon ab, wie sich die Kinder ihm gegenüber verhalten, und ob ein Hund der wird, der ideal in Ihre Familie passt, entscheidet Ihr Umgang mit ihm, seine Erziehung, seine Veranlagung und die Frage, ob „die Chemie" zwischen Ihnen und ihm stimmt. Erinnern Sie sich an das Thema der richtigen Passung zwischen Hund und Halter, die in der Einleitung angesprochen wurde.

Ob sich ein Hund gut mit Kindern verträgt, hängt auch davon ab, wie die Kinder mit ihm umgehen.

Ein Welpe aus dem Tierschutz

Wenn Sie sich für einen Welpen aus dem Tierschutz entscheiden, gelten ähnliche Kriterien wie beim Kauf vom Züchter, allerdings mit dem Unterschied, dass Sie Verständnis dafür haben sollten, dass Mitarbeiter eines Tierheims keine Zeit dafür haben, liebevoll gestaltete Informationsmappen zu fertigen oder sich stundenlang mit Ihnen zu einem netten Plausch zusammen zu setzen.

Trotzdem gilt auch hier, dass ein Mitarbeiter des Tierheims Zeit für Ihre Fragen haben sollte und genau darüber informieren kann, woher der Welpe stammt, seit wann er im Tierheim ist usw. Der junge Hund sollte einen gesunden Eindruck machen oder Sie sollten ausdrücklich darauf hingewiesen werden, falls er krank ist. Selbstverständlich sollten Sie auch hier Verständnis dafür haben, dass Ihre Qualitäten als Hundehalter überprüft werden, was meist durch eine so genannte vorherige „Platzkontrolle" geschieht, bei der ein Mitarbeiter des Tierheims bei Ihnen zu Hause vorbeikommt und alle wichtigen Haltungsfragen mit Ihnen bespricht.

Tierheimmitarbeiter beraten Sie gerne, ob der ausgewählte Hund zu Ihnen und Ihrer Familie passt.

Es sollte möglich sein, dass Sie den Welpen (auch mehrfach) besuchen und sich mit ihm beschäftigen dürfen. Sollten Sie sich schließlich für ihn entscheiden, wird ein Abgabevertrag ausgefüllt, der von beiden Parteien, also einem Mitarbeiter des Tierheims und Ihnen, unterschrieben wird. Manchmal erhalten Sie auch hier Merkblätter über den richtigen Umgang mit dem neuen Hausgenossen und allgemeine Hinweise zu Fütterung, Unterbringung usw.

Bevor Sie Ihren Welpen aber mit zu sich nach Hause nehmen, egal ob vom Züchter oder aus dem Tierheim, von einer privaten Pflegestelle oder vom Nachbarn, dessen Hündin Junge bekommen hat, sollten Sie einige Dinge besorgen. Was, erfahren Sie im nächsten Kapitel.

Die erste Ausstattung für Ihren Hund

Sie haben sich nun für einen Welpen entschieden und die Freude, ihn bald zu sich zu holen, ist groß. Damit sein Einzug auch wirklich gut vorbereitet ist, sollten Sie einige Dinge besorgen, die zu einer vernünftigen Ausstattung gehören.

🐾 Kaufen Sie ein Brustgeschirr für Ihren Hund, durch das der Druckpunkt auf den Brustkorb gelegt wird. So werden die empfindliche Halswirbelsäule, der Kehlkopf und die Schilddrüse geschont und zusätzlich können Sie Ihren Hund an dem auf dem Rücken befindlichen Steg sicher und bequem halten, wenn es die Situation erfordert. Anders Hallgren hat in seinem Buch „Rückenprobleme beim Hund" eindrücklich darauf hingewiesen, wie schädlich das Führen über ein Halsband sein kann. Bei der Auswahl und dem Anpassen eines Geschirres empfiehlt er, auf folgende Punkte zu achten:

🐾 Das Material, aus dem das Geschirr gefertigt ist, sollte weich und anschmiegsam sein. Am besten auch waschbar, falls sich Ihr Hund einmal in etwas übel Riechendem wälzt.

🐾 Das Geschirr sollte an beiden Enden zu öffnen sein, damit es dem Hund bequem angelegt werden kann. Geschirre, in die man den Hund regelrecht hineinzwängen muss oder bei denen man die Pfoten anheben und durchziehen muss, sind nicht sehr empfehlenswert, da viele Hunde diese Prozedur als unangenehm empfinden.

Achten Sie bei der Auswahl des Brustgeschirres darauf, dass es bequem anzulegen ist.

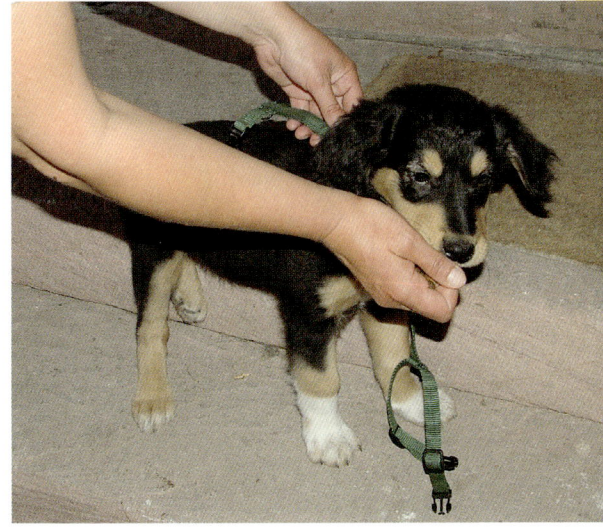

29

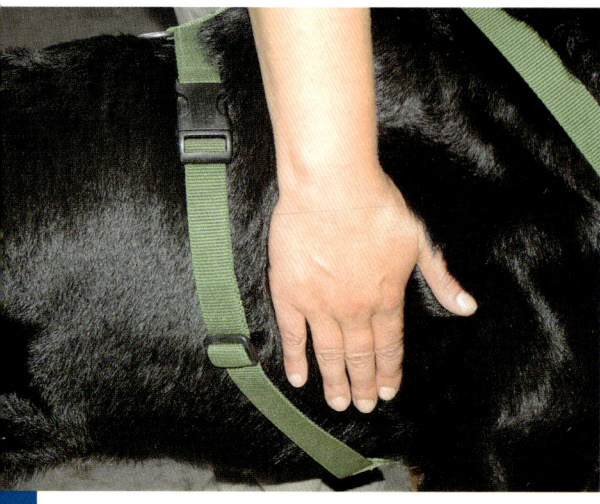

🐾 Der Rückensteg sollte fest vernäht sein, damit die an ihm einge-hängte Leine nicht hin und her schlabbert. Ebenfalls sollte er nicht zu kurz sein, da sich das gesamte Geschirr sonst beim Tragen nach vorne unter die Achselhöhlen zieht und dort unangenehm scheuert.

🐾 Zwischen den Bändern, die seitlich am Rumpf des Hundes laufen, und der Achselhöhle sollte bei mittelgroßen bis großen Hunden eine Handbreit Platz sein, bei kleinen (zum Beispiel Dackel und sehr kleinen (zum Beispiel Chihuahua) reicht die Breite von zwei bis drei Fingern aus.

🐾 Die Bänder, aus denen das Geschirr gefertigt ist, dürfen nicht zu schmal sein. Ist die Auflagefläche der Bänder nämlich nicht breit genug, können sie einschnei-den.

Zwischen dem Brustgurt und der Achselhöhle des Hundes sollte aus-reichend Abstand sein, damit der Gurt nicht einschneidet.

🐾 Gerade bei mittelgroßen und großen Hunden ist es wichtig, dass die Verschluss-Schnallen abgerundet und somit der Körperform angepasst sind, damit sie nicht gerade vom Körper abstehen.

🐾 Wenn Sie das Geschirr angelegt und verschlossen haben, achten Sie darauf, dass es nicht zu eng sitzt, weil es sonst auf die Wirbel-säule drückt. Wenn Sie mit Ihrer Hand zwischen das Geschirr und den Rücken des Hundes gleiten können, sitzt es richtig.

🐾 Über Nacht und bei längeren Aufenthalten zu Hause sollten Sie das Geschirr abnehmen.

Berücksichtigt man all diese Punkte, so sind zum Beispiel die Geschirre der Firma together® zu empfehlen, die Sie im Fachhandel oder bei www.pfotenversand.de erhalten. Passend zu den Geschirren gibt es auch ausreichend lange Leinen.

Es liegt in der Natur der Sache, dass Ihr Hund mit zunehmendem Wachstum ein neues Geschirr braucht, denn die Modelle lassen sich zwar verstellen und wachsen somit eine Weile mit, aber irgendwann müssen Sie die nächste oder übernächste Größe kaufen. Ihr altes Geschirr ist damit aber nicht wertlos geworden. Die im Anhang aufgeführten Tierschutzvereine freuen sich sehr über Geschirre für die ihnen anvertrauten Hunde. Wenn Sie das Vorgängermodell also dorthin schicken, liegt es nicht nutzlos herum und Sie haben einen Beitrag zum Tierschutz geleistet. ☺

🐾 Lassen Sie sich in einem Fachgeschäft einen Adressanhänger mit dem Namen und der Telefonnummer Ihres Hundes gravieren und bringen Sie diesen am Geschirr an. Sollte Ihr Hund doch einmal aus dem Garten ausbüchsen oder auf einem Spaziergang entlaufen, können Sie so schnellstmöglich informiert werden, wenn er irgendwo auftaucht. Außerdem wird so klar, dass dieses Tier ein Zuhause hat und seine Menschen daran interessiert sind, ihn bald wieder zu finden.

🐾 Beim Einkauf der Leine achten Sie auf eine ausreichende Länge. Optimal bewährt haben sich drei Meter, denn Ihr Hund soll ja die Möglichkeit haben, sich um Sie herum etwas zu bewegen, am Wegesrand zu schnüffeln usw., ohne gleich durch eine sehr kurze Leine in den Zug zu kommen. Vermeiden Sie einschneidende Materialien aus Kunstfaser und Leinen, die kordelartig verarbeitet sind – sie können sowohl an

Eine kurze Leine schränkt die Bewegungsfreiheit des Hundes sehr stark ein, weshalb er zu ziehen beginnt. Viel besser sind Leinen mit ca. drei Meter Länge.

Ihren Händen als auch an den empfindlichen Beinen Ihres Welpen zu Verletzungen führen. Auch Leinen, die mehrfach angestückelt und mit Nieten und diversen Metallringen versehen sind, würde ich Ihnen nicht empfehlen, denn die Nieten und Ringe sorgen nur für unnötig viel Gewicht und sind nicht wirklich sinnvoll zu gebrauchen. Am besten eignet sich eine am Stück gearbeitete Leine aus Leder oder Kunstfaser.

🐾 Kaufen Sie zwei bis drei Edelstahlnäpfe. Einen davon verwenden Sie als Futternapf, die anderen beiden dienen als Wassernäpfe, die an verschiedenen Stellen, zum Beispiel im Haus und im Garten oder im Erdgeschoss und ersten Stock, aufgestellt werden. Edelstahl ist langlebig, kann nicht splittern wie zum Beispiel Glas oder Porzellan und lässt sich hervorragend reinigen.

🐾 Natürlich soll Ihr Hund auch ein Körbchen oder eine kuschelige Liegedecke haben. Im Fachhandel gibt es eine Unmenge von Angeboten, und wer die Wahl hat, hat bekanntlich auch die Qual. Ein paar Anhaltspunkte zur Auswahl des richtigen Körbchens gibt es aber schon:

🐾 Kurzhaarige Hunde mögen gern ganz warme Körbchen, die einen Rand haben, damit es nicht zieht.

🐾 Hunde mit sehr dickem Fell wie zum Beispiel Berner Sennenhunde oder Malamuts hingegen bevorzugen in der Regel flach liegende Decken, eben weil es auf diesen nicht so warm wird.

❀ Wählen Sie ein waschbares Material aus, falls Ihr Hund sich mal auf seinem Liegeplatz übergeben muss oder darauf pieselt.

Ich werde oft gefragt, wo das Körbchen oder der Liegeplatz aufgestellt werden soll. Meine Antwort: In der Regel sucht ein Hund sich seinen bevorzugten Liegeplatz ganz von alleine aus. Stellen Sie also das Körbchen zunächst in einem zentralen Raum des Familienlebens in eine geschützte Ecke und warten Sie ab, ob er es dort annimmt. Wenn Ihnen auffällt, dass er viel lieber an einem ganz anderen Ende des Raumes liegt, stellen Sie ihm den Korb einfach dorthin. Die meisten Hunde haben im Laufe der Zeit mehrere „Lieblingsecken" im Haus und liegen mal hier und mal dort. Ich habe für meine sechs Hunde insgesamt 14 Liegeplätze, die unterschiedlich häufig frequentiert werden. Mal liegen die Hunde einzeln, mal zu zweit oder dritt darauf.

Körbchen und Decken aus waschbarem Material lassen sich leicht reinigen.

❀ Ihr Hund sollte zwei oder drei Spielzeuge haben, mit denen er sich beschäftigen kann und die Sie auch gemeinsam mit ihm benutzen, um miteinander zu spielen. Ein Baumwollseil, ein Vollgummiring und ein Kong® bieten sich zum Beispiel an. Verwenden Sie keinesfalls alte Schuhe, Socken oder Handtücher zum Spielen – denn Ihr Hund weiß nicht, was ein alter und was ein neuer Schuh oder Socken ist. Wenn Sie ihm ausgediente Kleidungsstücke oder Handtücher als Spielzeug anbieten, dürfen Sie ihm nicht böse sein, wenn er diese Gegenstände auch zukünftig als solches interpretiert und Ihnen freudestrahlend Ihre nagelneuen Schuhe versabbert und angenagt zum Spielen vor die Füße legt...

Baumwollseil und Kong® sind ideale Spielzeuge für Welpen.

Verzichten Sie beim Einkauf auf Gegenstände oder Figuren aus weichen Plastikmaterialien mit künstlichen Augen, Fingern, Stacheln usw. Die Gefahr, dass Ihr Welpe Teile hiervon abbeißt und verschluckt, ist viel zu groß. Außerdem sind viele der bei der Herstellung verwendeten Weichmacher schädlich und stehen in Verdacht, Allergien und sogar Krebs hervorzurufen.

🐾 Besorgen Sie geeignete Naturkauartikel wie zum Beispiel getrocknete Schweineohren oder getrockneten Lammpansen, damit Ihr Hund etwas zum Knabbern hat. Dies bewahrt Sie unter anderem davor, dass er an Dingen herumknabbert, die Ihnen lieb und teuer sind. Bedenken Sie beim Einkauf, dass Ihr Hund noch sein Milchgebiss hat und kaufen Sie deshalb nur solche Kauartikel, die er mit seinen empfindlichen kleinen Zähnchen bewältigen kann. Ochsenziemer, Rinderkopfhaut usw. sind für ihn noch zu hart und sollten erst nach dem Zahnwechsel angeboten werden. Der Fachhandel wird Sie gern beraten.

Lassen Sie sich aber nicht dazu verleiten, bunt eingefärbte oder mit allerlei chemischen Zusätzen versehene und gewürzte Kauartikel zu kaufen. Sie werden meist mit Werbeslogans wie „Mit zusätzlichen Vitaminen!", „...dann will Ihr Hund nichts anderes mehr!", „Die Hundesalami!" usw. angepriesen und sind alles andere als gesund.

Luftgetrocknete Naturkauartikel wie Schweineohren und getrockneter Pansen sind leckere Knabbereien für Ihren Welpen.

Ihrem Hund ist es auch vollkommen egal, ob der Kauartikel die Form eines nachgeformten Knochens oder einer Wurst hat – er will einfach nur kauen. Desto weniger aber an einem Produkt manipuliert wurde, desto größer ist die Chance, ein möglichst naturbelassenes Kaumaterial zu erhalten, das zu einem reellen Preis angeboten wird.

Zusätzlich noch folgender Hinweis: Das Thema der sinnvollen Ernährung eines Hundes ist so umfassend und komplex, dass es hier keinesfalls auch nur annähernd erklärt werden kann. Es gibt regelrechte Glaubenskriege über die Frage, wie ein Hund richtig ernährt werden sollte. Mein Motto dabei ist: Es soll gesund sein und dem Hund auch schmecken! Deshalb achte ich beim Einkauf immer darauf, dass das Futter möglichst naturbelassen ist. Es gibt inzwischen auch eine Vielzahl von Firmen, die sich auf die Herstellung von biologischem Hundefutter spezialisiert haben, ohne ihre Produkte dabei extrem viel teurer zu verkaufen als herkömmliche Anbieter. Das Geld, das ich hier für hochwertigeres Futter ausgebe, ist mir die Gesundheit und das Wohlbefinden meiner Hunde wert und außerdem ist es auch dadurch bald wieder reingeholt, dass meine Hunde den Tierarzt nur selten sehen, eben weil sie gesund ernährt werden.

🐾 Der Gesetzgeber schreibt vor, dass Ihr Hund im Auto gesichert sein muss. Hierfür gibt es mehrere Möglichkeiten:

🐾 Sie können den Hund entweder im Auto anschnallen, spezielle Verbindungsstücke zwischen Geschirr und Einklinkverschluss im Auto gibt es im Fachhandel

🐾 oder sich speziell für Ihr Auto eine vergitterte Box einbauen lassen. Achten Sie aber unbedingt darauf, dass diese Box groß genug für Ihren bald ausgewachsenen Hund ist. Er soll sich in ihr bequem hinlegen und auch mal ausstrecken können!

Verbindungsstücke zwischen Geschirr und Einklinkverschluss im Auto gibt es im Fachhandel.

🐾 Gleiches gilt für fertig zu kaufende Transportboxen. Auch bei ihrem Kauf bedenken Sie bitte, wie groß Ihr Hund in ausgewachsenem Zustand sein wird und wählen Sie dann eine Größe, in der er sich auch wirklich wohl fühlt. Wichtig ist, dass Sie den Welpen an diese Box langsam und behutsam gewöhnen. Sie können sie zum Beispiel für mehrere Tage oder auch Wochen offen in Ihr Haus stellen, so dass der Welpe sie ganz von selbst als „seine Höhle" entdeckt. Legen Sie ihm gelegentlich Würstchen- oder Käsestücke hinein, dann wird er das Aufsuchen der Box bald sehr positiv verknüpfen. Wenn Sie die Tür nach einiger Zeit das erste Mal verschließen, tun Sie dies nur für einen kurzen Moment und bleiben Sie unbedingt in der Nähe. Sobald Ihr Hund anzeigt, dass er sie verlassen möchte, lassen Sie ihn heraus!

Eine transportable Hundebox sollte auf jeden Fall im Auto gesichert werden.

Keinesfalls sollten Sie ihn in dieser Box einschließen, wenn Sie zum Beispiel das Haus verlassen oder er die Stubenreinheit erlernen soll. Abgesehen davon, dass Sie ihn über längere Zeiträume der Möglichkeit berauben, sich frei zu bewegen, kann dieser von manchen Menschen auch heute noch gegebene Tipp eine fatale Nebenwirkung haben: Ihr Hund entwickelt Angst vor dem Eingesperrtsein, die sich bis zu einer regelrechten Klaustrophobie auswachsen kann. Und hat er diese Angst erst einmal entwickelt, können Sie ihn nur noch schwerlich davon überzeugen, dass der Aufenthalt in der Transportbox etwas ganz und gar Ungefährliches und Normales ist. Manche Hunde betreten nach solchen Erlebnissen nicht einmal mehr den Raum, in dem die Box steht. Um dies zu vermeiden, bleiben Sie also in seiner Nähe und achten Sie darauf, wann er anzeigt, sie verlassen zu wollen. Oftmals ist es sehr hilfreich, ihm einen Kauknochen anzubieten, an dem er genüsslich herumnagen kann, denn während er nagt, vergeht die Zeit wie im Flug und er wird das Liegen in der Transportbox als etwas ganz Tolles empfinden.

🐾 Zusätzlich werden noch eine ganze Reihe von Netzen, variablen Absperrgittern usw. angeboten. Viele davon erweisen sich aber im Alltag als nicht ausbruchsicher und/ oder gewähren Ihrem Hund bei einem Unfall nicht den nötigen Schutz, weil sie dem Aufpralldruck nicht standhalten. Deshalb würde ich diese nicht empfehlen. Einzig sinnvoll sind in diesem Bereich fest verankerte Abtrennungen, die von der Herstellerfirma Ihres Wagens angeboten und auch eingebaut werden. Sie sind in der Regel passgenau und sehr stabil.

Hier also noch einmal zusammenfassend eine Liste der Dinge, die Sie vor der Abholung des Welpen besorgen sollten:

- ein Geschirr
- eine drei Meter lange Leine aus Leder oder Kunstfaser
- drei Edelstahlnäpfe
- ein Körbchen oder eine Liegedecke
- zwei bis drei Spielzeuge wie ein Baumwollseil, ein Vollgummiring und einen Kong®
- Kauartikel
- eine Sicherung für Ihr Auto

Wenn Sie alle Einkäufe erledigt haben, stellt sich die Frage, wann der beste Zeitpunkt zur Abholung des Welpen erreicht ist. Lesen Sie hierzu das folgende Kapitel.

Wann sollte der Welpe in sein neues Zuhause umziehen?

Früher wurde häufig empfohlen, den Welpen im Alter von acht Wochen vom Züchter oder aus dem Tierheim zu holen. Heute weiß man, dass dies der so ziemlich ungünstigste Zeitpunkt für den Wechsel in sein neues Zuhause ist und man einen Welpen lieber ein bis vier Wochen später zu sich nehmen sollte. Dies hat gleich mehrere Gründe, die mit unterschiedlichen Entwicklungsstadien des jungen Hundes zu tun haben.

Hundewelpen erlernen die Beißhemmung zwischen der siebten und zehnten Lebenswoche im Spiel mit Artgenossen und Menschen.

Das Erlernen der Beißhemmung

Anders als bei Katzen ist die Beißhemmung beim Hund nicht angeboren. Der kleine Welpe erlernt sie hauptsächlich in der Zeit zwischen der siebten und zehnten Lebenswoche durch das Spiel mit seinen Geschwistern, seiner Mutter und im Idealfall auch dem Sozialpartner Mensch. Wird der Welpe nun bereits mit acht Wochen aus dem Wurf genommen, bleibt von diesem wichtigen Zeitfenster gerade eine Woche, um im Umgang mit den Geschwistern und der Mutter zu lernen.

Sie können ihm übrigens dabei helfen, indem Sie in dieser Zeit sanft und zärtlich mit ihm spielen, wenn Sie mit ihm zusammen sind. Wird er dabei zu wild und tut Ihnen mit seinen spitzen Welpenzähnchen weh, sagen Sie kurz „Aua!" und unterbrechen für wenige Augenblicke das

Spiel, denn so verhalten sich die Wurfgeschwister, wenn einer mit dem anderen zu grob wird. Es heißt so viel wie: „Wenn du mir weh tust, dann spiel ich nicht mehr mit dir." Nach kurzer Zeit versuchen Sie, das Spiel erneut aufzunehmen und ihn dabei mit ruhiger Stimme dazu zu bewegen, vorsichtiger und achtsamer mit Ihnen umzugehen. Tut er dies, loben Sie ihn mit ebenso ruhiger Stimme.

Vermeiden Sie unbedingt raue und wilde Spiele, bei denen der Hund mal scherzeshalber gekniffen, geärgert oder gegen seinen Willen festgehalten wird. Es mag sein, dass Sie es sehr lustig finden, wenn der kleine Racker versucht, sich zu befreien und dabei auch mal ärgerlich die Zähnchen zeigt. Sie sollten nur bedenken, dass er bald ein ausgewachsener, großer Hund sein wird und Sie ihm dann von Kindesbeinen an beigebracht haben, grob und unsanft mit Ihnen umzugehen! Bei einem ausgewachsenen Dobermann, Boxer, Rottweiler oder einem anderen Hund dieser Größe, ja selbst bei einem Cocker Spaniel, kann das dann sehr unangenehm für Sie werden.

Ein sanfter Umgang mit dem jungen Hund lehrt ihn, sich gegenüber anderen vorsichtig und nicht grob zu verhalten.

Ich möchte Ihnen hierzu von Larry erzählen, einem stattlichen Berner Sennenhund, der im Alter von zwei Jahren von seinem Herrchen in meine Hundeschule gebracht wurde. Beide hatten schon mehrere Hundeschulen besucht und alle bisherigen Trainer kamen zu dem Schluss, dass Larry ein sehr dominanter Rüde sei, der die Rangordnung zu seinem Besitzer in Frage stelle, weil er diesen ständig angreife. Deshalb solle der Rüde kastriert werden und mehr Unterordnungsübungen befolgen. Tatsächlich sah Larrys Herrchen auch ziemlich lädiert aus: Seine Unterarme und Hände, ja sogar die Oberschenkel und der Bauch waren von Kratzspuren und kleinen Blutergüssen geradezu übersät. Trotzdem war er von der Idee einer Kastration seines Rüden, auf den er offensichtlich sehr stolz war, nicht angetan. Auch nicht

besonders angetan war er übrigens von der Idee, sich von einer Frau (nämlich mir) beraten zu lassen, die noch dazu dafür bekannt ist, „sanfte Wege" in der Hundeerziehung zu gehen. All das war gar nicht sein Ding und er hatte mich eigentlich nur deshalb konsultiert, weil ich auch dafür bekannt bin, kein großer Freund der Rüdenkastration zu sein. Hier sah er offensichtlich seine – und Larrys! – Chance.

Vermeiden Sie unbedingt raue und wilde Spiele, die grobmotorisches Verhalten fördern.

Ich schaute mir den Umgang zwischen Herrchen und Hund eine Weile an, stellte ein paar Fragen und riet dann von der Kastration des Rüden ab, weil sie in meinen Augen keinen Sinn machte. Die Blutergüsse und Kratzspuren stammten nämlich nicht von „Angriffen", im Gegenteil war Larry ein außerordentlich gehorsamer Hund, der seine Unterordnungsübungen beinahe im Schlaf ablief. Er hatte einfach nur von Welpenalter an gelernt, grob mit seinem Menschen umzugehen, denn so ging auch sein Mensch mit ihm um. Da wurde geschubst, gestoßen und gerangelt, und während Larry sich unter Einsatz seiner Krallen und Zähne an Herrchen austobte, zeigte er das lustigste Spielgesicht, das ein Hund nur zeigen kann. Auch ertönte bei all dem ein herzhaftes Spielknurren, das Larrys freundliche Absicht noch unterstreichen sollte – was bisher nur nicht richtig gedeutet worden war. Auf meine Nachfrage bestätigte

Larrys Herrchen auch, schon mit dem Welpen oft kleine Ringkämpfe veranstaltet zu haben und dies war nun das Ergebnis davon.

Einige Jahre zuvor hatte ich einen ganz ähnlich gelagerten Fall mit einem Riesenschnauzer und seinem Herrchen. Beiden Hunden konnten wir übrigens durch Training beibringen, vorsichtiger mit ihren Menschen umzugehen und beide Hunde blieben auch unkastriert.

Eine andere Kundin von mir, die ebenfalls einen Riesenschnauzerrüden führt, hat ihrem Hund von Anfang an beigebracht, vorsichtig mit ihr umzugehen und hatte nie oben beschriebene Probleme. Ich hatte ihr geraten, ihren Hund schon im Welpenalter mit ihren nackten Füßen spielen zu lassen, denn die Füße eines Menschen sind noch viel empfindlicher als seine Hände. Wenn ein Hund nun also gelernt hat, so vorsichtig mit einem Menschen zu sein, dass er sogar mit dessen Füßen behutsam umgeht, braucht man keine Kratzer zu fürchten.

Die Fremdelphasen

Vielleicht kennen Sie den Begriff der „Fremdelphase" von Menschenkindern. Es ist die Zeit, in der ein kleines Kind am liebsten auf dem Arm oder Schoß der Mutter Schutz sucht und allem Neuen und Fremden gegenüber wenig aufgeschlossen ist. Oft versteckt es sein Gesicht an den Körper der Mutter gepresst, wenn es von Fremden angesprochen wird oder will plötzlich nicht mehr zur Nachbarin oder der zu Besuch gekommenen Oma auf den Arm. Diese Fremdelphasen gehören zur ganz normalen Entwicklung – nicht nur bei Menschenkindern, sondern auch bei anderen Säugetieren wie zum Beispiel dem Hund.

Beim Hund sind bisher drei Fremdelphasen bekannt, eine anschließende vierte wird diskutiert. Als sicher gelten folgende:

Die erste Fremdelphase findet im Alter von acht Wochen statt und dauert eine Woche. Deshalb ist es keine gute Idee, den jungen Hund in genau diesem Alter aus seinem gewohnten Umfeld zu reißen und mit einer vollkommen unbekannten neuen Welt zu konfrontieren, denn gerade jetzt ist der Welpe Unbekanntem und Neuem gegenüber wenig aufgeschlossen, manchmal sogar geradezu ängstlich und schließt sich

Mit acht Wochen ist ein Welpe Neuem gegenüber wenig aufgeschlossen und oftmals ängstlich und schüchtern.

43

seiner Mutter besonders eng an, wenn ihm irgendetwas „komisch" vorkommt. Bei aller Begeisterung über den Tag, an dem Sie den Welpen endlich und lang ersehnt zu sich holen werden, dürfen Sie nämlich nicht vergessen, dass dieser für Sie so wunderschöne Tag für Ihren Welpen zunächst der furchtbarste seines bisherigen Lebens werden wird. Das klingt tragisch, ist es für ihn aber auch. Stellen Sie sich seine Situation vor: Er kennt Sie im schlechtesten Fall noch gar nicht, im besseren Fall zumindest etwas, aber auch nicht wirklich gut. Nun wird er aus allem herausgerissen, was ihm bisher Sicherheit und Geborgenheit gegeben hat und Ihnen mitgegeben. Er muss jetzt nicht nur seine Mutter und seine Geschwister verlassen, sondern auch die vertraute Umgebung, in der er sich auskannte.

Natürlich ist es nicht zu ändern, ihn von seiner Familie zu trennen und in ein neues Lebensumfeld zu bringen, aber man sollte dies nicht genau zu dem Zeitpunkt tun, zu dem ihm diese Umstellung besonders schwer fällt. Besser ist es, Sie warten bis zum Ende der neunten oder eventuell bis zur zwölften Lebenswoche, ehe Sie den Welpen zu sich nehmen. Dann ist er mehr in sich gefestigt und kann diese Umstellung viel besser verkraften. Mehr dazu weiter unten in diesem Kapitel.

Die zweite Fremdelphase findet im Alter von ca. 4 ½ Monaten und die dritte mit ca. 9 Monaten statt. Beide Phasen können sich aber, je nachdem, ob es sich bei Ihrem Hund um einen Früh- oder Spätentwickler handelt, auch deutlich nach hinten verschieben. Das Verhalten Ihres Hundes während der Fremdelphase ist aber so eindeutig, dass Sie es leicht erkennen können. Ihnen wird zum Beispiel auffallen, dass er insgesamt etwas schreckhafter und ängstlicher ist und auf Dinge reagiert, die ihn zuvor gar nicht beeindruckt haben. Meine Hündin Elsa zum Beispiel bellte im Alter von 4 ½ Monaten plötzlich eine blaue Regentonne an, an der wir schon seit Wochen auf unseren täglichen Spaziergängen vorbei gegangen waren. Bisher hatte Elsa die Tonne überhaupt nicht beachtet, aber plötzlich war sie ein gefährliches Monster, das brummend, mit aufgestellten Nackenhaaren und unter ständiger Beobachtung in großem Bogen umrundet wurde.

Ein anderes untrügliches Zeichen ist, wenn Ihr Hund im Umgang mit fremden Hunden spürbar unsicherer wird. Während er als Welpe auf Artgenossen einfach tollpatschig und sorglos zulief, werden Sie jetzt beobachten, dass er sich erst mal hinsetzt, wenn sich ihm ein fremder

Im Alter von ca. 4 ½ Monaten beginnt die zweite Fremdelphase.

Hund nähert. Erst wenn er sich ganz sicher ist, dass dieser mit freundlichen Absichten kommt, steht er auf, wedelt und beginnt den Kontakt zu erwidern.

Die vierte Phase, die noch nicht als gesichert gilt, aber aufgrund von Beobachtungen vieler Trainer international diskutiert wird, findet im Alter zwischen 16 und 20 Monaten statt. Auch in dieser Zeit wird der Hund wieder unsicherer, reagiert zunehmend empfindlich auf unbekannte Situationen und Geräusche und versucht fremde Menschenmengen zu meiden.

Wie sollten Sie auf die Fremdelphasen reagieren?

Zwingen Sie den jungen Hund nicht, sich mit dem „unheimlichen Ding" auseinander zu setzen, sondern lassen Sie ihn selbst entscheiden, ob er es erkunden möchte.

Bleiben Sie vor allem gelassen und vermitteln Sie Ihrem Hund so viel Ruhe und Souveränität wie möglich. Fürchtet er sich zum Beispiel vor einem Gegenstand, so wie Elsa vor der blauen Regentonne, gehen Sie zu diesem Gegenstand hin und berühren Sie ihn. Sie werden bemerken, wie Ihr Hund Sie genau dabei beobachten wird und somit die Information erhält, dass nichts Schlimmes passiert, wenn man sich „dem Ding" nähert und es sogar anfasst. Fragen Sie Ihren Hund mit freundlicher, aufmunternder Stimme, ob er auch näher kommen will und geben Sie ihm die Zeit, die er braucht, um sich das zu trauen. Meistens werden Sie dann sehen, wie er zögerlich näher kommt und bei den letz-

ten Zentimetern vor „dem Ding" immer länger und länger wird, wie eine Ziehharmonika, die weit ausgezogen wird. Schließlich wird er „es" mit der Nase anstupsen und erst mal einen Satz rückwärts machen, um zu sehen, wie „es" reagiert. Nachdem logischerweise keine Reaktion kommt, wird er sich nochmals dorthin trauen, bis er die ganze Sache schließlich als ungefährlich und somit auch unspektakulär abspeichert. Und genau das ist wichtig, dass Ihr Hund selbst die Erfahrung machen darf, wie er mit „komischen Sachen" und an ihn gestellten Anforderungen umgehen soll. Dabei erhält er von Ihnen Unterstützung, wenn er sie – zum Beispiel über einen Blickkontakt zu Ihnen – sucht, sollte aber nicht überbehütet werden.

Keinesfalls sollten Sie ihn zwingen, sich mit dem, was er so unheimlich findet, auseinander zu setzen, denn dies kann große Ängste in ihm auslösen, die als Lernerfahrung abgespeichert werden und sich manifestieren. So erhalten Sie einen Hund, der dauerhaft misstrauisch und ängstlich gegenüber Fremdem und Unbekanntem ist – und auch Ihnen nicht traut, weil Sie die Person waren, die ihn gezwungen hat. So kann kein Vertrauen entstehen, sondern nur Misstrauen und Angst.

Vermeiden Sie während der Fremdelphasen, Ihren Hund allzu vielen Neureizen auszusetzen, denn die Gefahr, ihn jetzt damit zu überfordern ist groß. Behalten Sie hingegen Ihren gewohnten und vertrauten Ablauf bei, der Ihrem Hund Sicherheit gibt, gehen diese Phasen ganz von alleine wieder vorbei und Sie werden merken, wie er wieder deutlich entspannter wird. Er muss aber nicht übermäßig geschont und behütet werden – am besten läuft alles weiter wie gehabt.

Früh- und Spätentwickler

Ebenso wie bei uns Menschen gibt es auch bei Hunden Früh- und Spätentwickler. Wie schnell sich die Persönlichkeit und die körperliche Rei-
fung des Hundes entwickelt, hängt vom Individuum, aber auch von der
Rasse ab. Grundsätzlich ist es so, dass kleine Rassen schneller reifen
als große und sehr große sogar ausgesprochen lange brauchen, ehe
sie erwachsen werden.

Ein Jack Russel Terrier oder Toypudel zum Beispiel gilt mit zwölf Monaten durchaus als erwachsener Hund. Ein Neufundländer oder Hovawart
ist in diesem Alter hingegen noch als Teenager zu betrachten und ein
Herdenschutzhund oder Irischer Wolfshund ist in diesem Alter noch
geradezu kindlich.

Die Frage, ob der von Ihnen ausgesuchte Hund eher ein Früh- oder
Spätentwickler ist, beeinflusst den Zeitpunkt der Abholung vom Züchter oder aus dem Tierheim. Um bei den aufgeführten Beispielen zu bleiben, würde ich Ihnen empfehlen, einen Jack Russel Terrier mit neun
Wochen zu sich zu nehmen, einen Neufundländer oder Hovawart mit
ca. zehn Wochen und einen Herdenschutzhund oder Irischen Wolfshund mit ca. zwölf Wochen.

**Kleinwüchsige
Hunde reifen phy-
sisch und psychisch
schneller als große.**

Vorausgesetzt natürlich,
dass die Aufzucht- und
Haltungsbedingungen vor
Ort in Ordnung sind und
der Welpe sich physisch
wie psychisch gut entwi-
ckeln kann und liebevoll
umsorgt und behandelt
wird. Ist dies nicht der Fall,
sollte er diesen Ort so
schnell wie möglich verlassen können – all seine Geschwister und seine Mut-
ter allerdings auch.

Der Tag der Abholung

Was Sie schon vor der Abholung tun sollten

Bevor Sie den Welpen abholen, sollten Sie zunächst Ihr Haus „welpen-sicher" machen. Folgende Tipps haben sich hierbei bewährt:

🐾 Da Ihr Welpe voraussichtlich noch nicht stubenrein sein wird, rollen Sie alle Teppiche, Läufer usw. zusammen und stellen Sie sie für einige Zeit in den Keller oder Abstellraum.

🐾 Kaufen Sie Kindersicherungen für alle Steck-dosen, die in Bodennähe – und somit erreichbar für Ihren Welpen – sind, denn schon so mancher junge Hund hat einen gefährlichen elektrischen Schlag bekom-men, weil er mit seiner kleinen Nase in der ungesicherten Steck-dose herumschnüffelte oder mit seiner Zunge darin herum leckte.

🐾 Räumen Sie alle erreichbaren Kabel weg, indem Sie zum Beispiel den Stecker ziehen und das Kabel nach oben legen, wenn das entsprechende Gerät gerade nicht in Betrieb ist. Wird es dann in Betrieb genommen, müssen Sie Ihren Welpen entsprechend beaufsichtigen.

🐾 Stellen Sie für Ihren Hund giftige Pflanzen wie zum Beispiel den Weih-nachtsstern, die Dieffenbachie, das Alpen-veilchen usw. in für ihn unerreichbare Höhe. Eine gute Übersicht dieser für Haus-tiere giftigen Pflanzen finden Sie unter anderem unter www.tier-freunde-landshut.de oder unter www.polarhund-nothilfe.com.

Hundewelpen knabbern alles an – auch Dinge, die gefährlich für sie sein können.

Falls Sie einen Garten haben, überprüfen Sie den Zaun auf eventuelle
Löcher. Sollten Sie welche finden,
bessern Sie diese vor der Ankunft
Ihres Welpen aus.

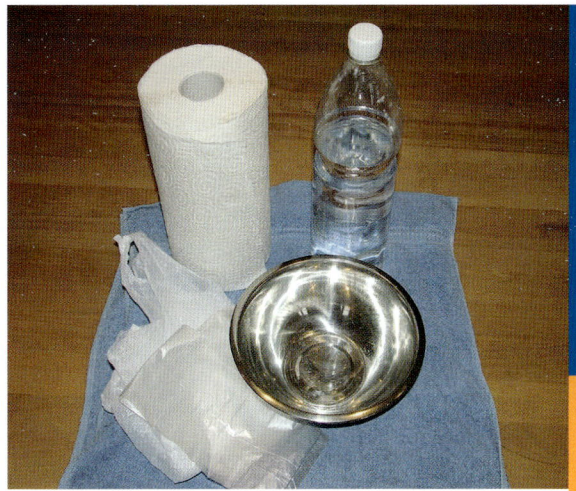

Dann packen Sie ein paar nützliche Dinge
für die Reise ein:

* Eine Rolle Küchenpapier und ein bis
  zwei Plastiktüten, falls Ihr Welpe auf
  der Fahrt stark speichelt oder sich
  übergeben muss.

* Einen sauberen Napf und frisches
  Wasser, falls er Durst bekommt.

* Ein passendes Brustgeschirr
  und eine drei Meter lange
  Leine, damit Sie den Welpen
  bei einer eventuellen Rast
  kontrollieren können.

* Die vollständige Adresse und
  Telefonnummer des Züchters/
  der Tierschutzorganisation,
  damit Sie jederzeit von
  unterwegs aus Kontakt mit ihm/
  ihr aufnehmen können.

* Eine Decke, auf die sich der kleine
  Hund im Auto kuscheln kann.

Was Sie bei der Abholung beachten sollten

Ganz wichtig ist, dass Sie sich für die Abholung Ihres Welpen wirklich Zeit nehmen. Ein guter Züchter bzw. verantwortungsvolle Tierheimmitarbeiter werden Ihnen viele wertvolle Hinweise und wichtige Informationen geben wollen, damit die Umstellung des Welpen in sein neues Zuhause möglichst problemlos vonstatten geht. Nehmen Sie sich am besten etwas zu schreiben mit, damit Sie sich Notizen machen können. Folgende Punkte sollten unbedingt angesprochen werden:

🐾 Wie sieht der Tagesablauf des Welpen aus? Versuchen Sie, diese Routine zumindest in den ersten Tagen bei Ihnen in etwa beizubehalten, damit Ihr junger Hund sich langsam an die auf ihn zukommenden Veränderungen gewöhnen kann.

🐾 Was bekam er wann zu fressen? Übernehmen Sie diese Fütterungszeiten und vor allem das Futter – selbst wenn Sie später lieber etwas anderes geben möchten. Ihr Welpe muss während der Umgewöhnung viele Veränderungen akzeptieren und verarbeiten, deshalb sollten Sie mit einer Futterumstellung warten, bis er sich einigermaßen gut eingelebt hat und die ersten Aufregungen im wahrsten Sinne des Wortes „verdaut" hat. Eine Futterumstellung geht manchmal mit Unregelmäßigkeiten im Magen-Darm-Trakt einher, Ihr Welpe könnte vorübergehend Bauchweh und/ oder Durchfall bekommen. Sollte das bei Ihrem jungen Hund so sein, wird er das besser verkraften, wenn er schon Vertrauen aufbauen konnte und sich bei Ihnen sicher und geborgen fühlt. Lassen Sie sich deshalb einen kleinen Vorrat (für drei bis fünf Tage) des gewohnten Futters mitgeben.

In den ersten Tagen sollten Sie Ihren Welpen mit seinem gewohnten Futter und zu den gewohnten Zeiten füttern.

🐾 Fragen Sie nach bestimmten Vorlieben, Charakterzügen, Ängsten oder anderen Eigenheiten Ihres Hundes und machen Sie sich Notizen dazu. Je mehr Sie über ihn wissen, desto besser können Sie auf ihn eingehen.

Fragen Sie bei einem Züchter nach
🐾 den Zuchtpapieren,
🐾 dem Kaufvertrag,
🐾 dem Impfausweis,
🐾 dem Anmeldeformular der Chipnummer Ihres Hundes beim Zentralen Haustierregister.

Sollte ein Züchter diese wichtigen Unterlagen nicht vollständig an Sie aushändigen können, würde ich Ihnen empfehlen, keinesfalls den gesamten zuvor vereinbarten Kaufpreis zu bezahlen. Behalten Sie mind. 1/3 der Summe zurück und garantieren Sie (evtl. auch schriftlich), diesen Restbetrag umgehend bei Erhalt der noch fehlenden Dokumente zu überweisen. Leider zeigt die Erfahrung nämlich, dass Sie ansonsten Ihren Papieren immer wieder hinterher telefonieren müssen oder Sie auch einfach gar nicht erhalten. Mit dem Rückbehalt eines Teiles der Kaufsumme halten Sie jedoch die Motivation beim Verkäufer aufrecht, Ihnen diese Papiere baldmöglichst zukommen zu lassen.

Eine vertraute Decke und sein Spielzeug erleichtern dem Welpen die Heimfahrt ins neue Zuhause.

🐾 Nehmen Sie eine vertraute Liegedecke oder ein vertrautes Spielzeug mit, damit Ihr Welpe in seinem neuen Zuhause etwas hat, das nach seiner Mutter und seinen Geschwistern riecht, denn das wird ihn in der neuen, noch fremden Umgebung beruhigen.

Die Rückreise und Ankunft im neuen Zuhause

🐾 Planen Sie die Rückfahrt nach Hause so, dass Sie möglichst bei Tageslicht dort ankommen. Damit erleichtern Sie Ihrem Hund das erste Erkunden in seinem neuen Zuhause. Es gibt aber noch einen weiteren Grund: Wenn Sie spät abends von Ihrer Reise heimkehren, werden Sie sich zwar noch für einen Moment mit Ihrem Welpen beschäftigen, dann aber relativ bald ins Bett gehen. Das bedeutet, dass Ruhe im Haus einkehrt und der junge Hund sich ganz und gar seinem Trennungsschmerz von der Mutter und den Wurfgeschwistern hingeben kann. Besser ist es, ihn bei Tageslicht alles erkunden zu lassen und noch einige Stunden mit ihm in seinem neuen Heim zu verbringen, ehe alle ins Bett gehen und Ruhe im Haus einkehrt.

Bitten Sie einen Freund, den Wagen zu fahren, damit Sie sich in aller Ruhe um den jungen Hund kümmern können.

🐾 Wenn Sie einen Freund/ eine Freundin bitten, Sie bei der Abholung Ihres Welpen zu begleiten, so sollte möglichst diese Person den Wagen fahren, damit Sie sich in aller Ruhe um Ihren kleinen Hund kümmern können. Außerdem soll er sich während der Fahrt lieber an Sie kuscheln und zu Ihnen Vertrauen aufbauen, statt zu einer Person, die ihn bald wieder verlassen wird.

🐾 Während der Fahrt sollten Sie darauf achten, ausreichend viele Pausen zu machen, in denen sich der Welpe ein wenig die Beine vertreten und sich lösen kann, falls er dies muss. Diese Pausen sollten keinesfalls an lauten Autobahnraststätten stattfinden, deren Betriebsamkeit den jungen Hund schnell überfordern und ängstigen kann. Nehmen Sie lieber eine Ausfahrt und fahren Sie auf einen kleinen Feldweg oder an einen Waldrand, wo Sie in aller Ruhe mit ihm spazieren gehen können. Öffnen Sie die Wagentür nicht, bevor Sie nicht die Leine am Geschirr Ihres Welpen angebracht haben und diese auch wirklich in der Hand halten! Schon viele frisch gebackene Hundehalter haben das Lauftempo ihres Welpen deutlich unterschätzt und hatten dann ihre liebe Mühe, den kleinen Kerl wieder einzufangen, nachdem er sich erst mal in Bewegung gesetzt hatte. Zusätzlich ist es kein guter Start ins gemeinsame Leben, wenn der Welpe als eine der ersten Aktionen seines Menschen die unangenehme Erfahrung macht, von ihm „gejagt" und womöglich noch mit Hechtsprung eingefangen zu werden! Eine solche Verfolgung kann ihn erschrecken und ihm Angst vor seinem

**Zuhause ange-
kommen sollte Ihr
Welpe sich lösen...**

Menschen einjagen. Also gehen Sie lieber auf Nummer sicher und steigen Sie erst mit ihm aus dem Auto, wenn Sie ihn bereits angeleint haben und die Leine sicher in der Hand halten.

🐾 Wenn Sie Zu Hause angekommen sind, lassen Sie Ihren Welpen gleich in den Garten, damit er sich bei Bedarf lösen kann und gehen Sie erst dann ins Haus mit ihm. Sollten Sie keinen Garten haben, wählen Sie ein kleines Wiesenstück in Ihrer unmittelbaren Nähe, das Sie auch in den nächsten Tagen immer wieder aufsuchen werden, wenn der Welpe sich lösen muss. Je ruhiger und geschützter dieser Ort liegt, desto besser. Nachdem Ihr Welpe sich gelöst hat, gehen Sie mit ihm ins Haus und lassen Sie ihn sich ein bisschen umschauen. Zeigen Sie ihm als Erstes, wo er frisches Wasser und ein wenig Futter findet. Selbstverständlich sollte dies der Ort sein, an dem Sie auch in Zukunft Futter und Wasser für ihn bereit halten.

... und etwas trinken dürfen.

Dieser Welpe kuschelt nach ausgiebiger Erkundungstour durch sein neues Zuhause vertrauensvoll mit seinem Herrchen.

🐾 Setzen Sie sich irgendwo auf den Boden und lassen Sie den Kleinen ruhig selbstständig erkunden, wo er jetzt wohnen wird. Wenn er genug hat und sich ausruhen möchte, kann er durch Ihre Sitzposition am Boden leicht Kontakt mit Ihnen aufnehmen.

🐾 Versuchen Sie, in Ihrem Haushalt alles so gewohnt wie möglich ablaufen zu lassen, denn der Welpe soll sein neues Zuhause so kennen lernen, wie es normalerweise ist, dann kann er sich gleich daran gewöhnen. Würden zum Beispiel die Kinder erst mal zur Oma ausquartiert, der Fernseher ausgeschaltet und auch sonst für „biblische Ruhe" gesorgt, würde sich der Welpe auch genau an diesen Zustand gewöhnen. Kämen dann wieder alle Familienmitglieder zusammen, stiege der Geräuschpegel durch Einschalten des Fernsehers und/ oder der Computerspiele, würde das den jungen Hund eventuell ängstigen, weil er das nicht als „normal" kennen gelernt hat.

Das bedeutet natürlich wiederum nicht, dass keine Rücksicht auf seine Ankunft genommen werden soll! Er sollte nur nicht in Watte gepackt werden. Auf jeden Fall verzichten Sie aber in den ersten Tagen auf zahlreiche Besuche aller Nachbarn und Freunde, die das neue Familienmitglied anschauen wollen. Lassen Sie dem jungen Hund erst einmal Zeit, sich an alles zu gewöhnen.

🐾 Wenn Sie Kinder haben, kaufen Sie ein lang ersehntes Computer-spiel oder Ähnliches und schenken Sie es ihnen, wenn der Welpe an-kommt. Dieser Tipp mag Ihnen auf den ersten Blick merkwürdig vor-kommen, aber er hat durchaus seinen Sinn. So erreichen Sie nämlich, dass sich die Begeisterung Ihrer Kids auf zwei Attraktionen verteilt – und der Welpe so auch mal Pause vom ständigen Streicheln und Lieb-kosen bekommt. Händigen Sie das Geschenk aber wirklich erst aus, wenn der Welpe ankommt – nicht schon Stunden vorher, sonst ist der gewünschte Effekt dahin, weil sich die Kinder mit dem neuen Spiel schon wieder langweilen und daher doch nur auf den Welpen konzen-trieren. Selbstverständlich sollen sich auch die Kinder über die Ankunft des neuen Familienmitgliedes freuen dürfen und Kontakt mit dem Wel-pen aufnehmen. Wie Sie Hund und Kind am besten einander näher bringen, lesen Sie auf den Seiten 70 bis 75.

🐾 Lassen Sie den Welpen in den ersten Nächten keinesfalls allein! Ich werde oft gefragt, wo der junge Hund am besten schlafen soll und meine Antwort ist immer: Am besten bei Ihnen mit im Bett. Kuscheln Sie mit ihm, geben Sie ihm Nestwärme (im wahrsten Sinne des Wortes!) und Geborgenheit, denn beides braucht er jetzt ganz drin-gend. Bedenken Sie, dass er noch nicht weiß, dass Sie ihn lieb haben und ihm ein gutes Herrchen oder Frauchen sein wollen. Er weiß auch

Diese beiden bilden ein harmo-nisches Team.

Ihr Welpe sollte neben Ihrem Bett oder ...

noch nicht, dass Sie für ihn sorgen werden und ihm Schutz geben. Er realisiert nur, dass er gerade alles verloren hat, was ihm Sicherheit und Geborgenheit gegeben hat: Seine Mutter und Geschwister, die vertraute Umgebung, in der er sich auskannte und die Menschen, die bisher Kontakt mit ihm hatten. Er kommt in eine völlig neue Welt, in der er sich ganz neu orientieren muss – dabei ist er noch ein kleines Kind, das mit dieser Situation überfordert ist.

Er ist es gewohnt, mit Körperkontakt zu seiner Mutter und seinen Geschwistern zu schlafen und niemals allein gelassen zu werden. Jetzt ist er zum ersten Mal ohne sie, allein und verlassen und fühlt sich dementsprechend hilflos. Wenn Sie ihm jetzt Körperkontakt, Wärme und Geborgenheit geben, haben Sie die wichtigsten Grundlagen für eine gute Bindung zwischen Ihnen und ihm bereits gelegt. Sie sind jetzt seine „Mama" oder sein „Papa", an die/ den er sich vertrauensvoll ankuscheln darf. Er spürt Ihre Körperwärme, Ihren Atem – und versteht instinktiv, dass Sie nun für ihn da sind und er sich an Sie wenden kann, wenn er sich hilflos fühlt und Schutz sucht.

Außerdem merken Sie so am zuverlässigsten, wenn Ihr Welpe nachts unruhig wird, weil er sich lösen muss. Gehen Sie dann in den Garten mit ihm, damit er sich dort lösen kann.

Wenn Sie aus irgendwelchen Gründen nicht möchten, dass Ihr Welpe mit bei Ihnen im Bett schläft, dann bauen Sie sich für eine gewisse Zeit ein Nachtlager in einem anderen Raum, zum Beispiel im Wohnzimmer. Machen Sie dem Welpen ein kuscheliges Lager zurecht, das direkt neben Ihrer Schlafstätte steht.

... noch besser, in Ihrem Bett schlafen dürfen.

> **Lassen Sie Ihren Welpen auf keinen Fall in den ersten Nächten allein! Nehmen Sie ihn mit in Ihr Bett, um ihm Nestwärme und Geborgenheit zu vermitteln – beides braucht er nach der Trennung von der Mutter und den Wurfgeschwistern dringend.**

Rechnen Sie damit, dass Sie in den ersten Wochen mehrmals pro Nacht mit ihm raus müssen, denn so lange er noch so klein ist, kann er seinen Schließmuskel nicht so gut und lange kontrollieren, wie dies für einen erwachsenen Hund möglich ist. Wie Sie Ihren Welpen möglichst schnell stubenrein bekommen, lesen Sie auf den nächsten Seiten.

STUBENREINHEIT

Stubenreinheit ist nicht angeboren. Sie müssen bedenken, dass Sie ein Hundebaby zu sich genommen haben, das Urin und Kot noch nicht lange zurückhalten kann. Der Welpe braucht Zeit, seinen Schließmuskel erst einmal zu trainieren; und selbst wenn er dies dann schon recht gut kann, sollte er die Gelegenheit bekommen, tagsüber spätestens alle zwei Stunden, nachts alle drei bis vier Stunden in den Garten zu gehen. Wird der Schließmuskel nämlich zu früh zu stark beansprucht, kann es später leichter zu einer Inkontinenz kommen.

Tragen Sie Ihren Welpen nach dem Schlafen, Fressen, Spielen etc. nach draußen, damit er sich lösen kann.

Tragen Sie den Welpen nach dem Schlafen, Fressen, Trinken, Spielen, längeren Autofahrten usw. nach draußen an einen ruhigen Ort, an dem er sich lösen kann. Wählen Sie dabei, wenn möglich, einen weichen Untergrund, wie zum Beispiel eine Wiese oder einen Waldweg, denn dort wird er sein „Geschäft" lieber verrichten als auf Beton oder Teer. Bleiben Sie bei ihm und loben Sie ihn mit ruhiger und freundlicher Stimme, nachdem er uriniert und/ oder gekotet hat. Sagen Sie nichts zu ihm während er sein „Geschäft" verrichtet, sonst kann es sein, dass er es unterbricht, weil er von Ihnen abgelenkt wird.

Unterlassen Sie Strafen jeder Art. Leider finden sich selbst in Fachbüchern noch immer unsinnige Empfehlungen wie zum Beispiel die, den Welpen mit der Nase in den Kot oder Urin zu stupsen oder einen Klaps mit der Zeitung zu geben. Machen Sie das bitte nicht, denn Ihr junger Hund versteht nicht, warum Sie dies tun – was zur Folge hat, dass er so zwar nicht stubenrein wird, dafür aber Angst vor Ihnen bekommt, denn schließlich sind Sie es, die ihm so grausame Dinge antun. Zusätzlich kann sein empfindlicher Geruchssinn gestört werden, wenn er häufig mit der Nase in Urin und/ oder Kot gestupst wird.

Beobachten Sie Ihren Welpen! Wenn er unruhig wird, zur Ausgangstür oder Terrassentür schaut oder sich langsam kreisend nach einem „Örtchen" umschaut, bringen Sie ihn nach draußen. Zur warmen Jahreszeit wäre es ideal, die Tür zum Garten offen zu lassen, so dass der Welpe jederzeit nach draußen kann, wenn er mal muss, denn in der Regel wird er dann viel schneller stubenrein.

Ein Welpe muss anfangs auch nachts mal raus. Lassen Sie ihn bei sich im Bett schlafen oder stellen Sie sein Körbchen direkt neben Ihr Bett, um erste Anzeichen von Unruhe bemerken zu können.

Nachts oder in Ihrer Abwesenheit sollten Sie den Welpen keinesfalls in eine Hundebox sperren, denn wenn er dann den Drang verspürt, sich zu lösen, gerät er unter Druck, weil er sich nicht in seinem „Nest" versäubern möchte und häufig entwickeln sich so auch Ängste vor der Box, dem Eingesperrtsein oder engen Räumlichkeiten an sich.

Regeln von früher sind überholt. Strafen Sie den Hund auch dann nicht, wenn Sie ihn auf „frischer Tat" ertappen. Es könnte nämlich passieren, dass er die Strafe mit Ihnen statt mit dem eigentlichen Ereignis verknüpft. Wenn dem so ist, wird er sich nur noch heimlich und im schlimmsten Fall nicht mehr in Ihrer Anwesenheit lösen – und zwar auch draußen.

Ein kurzes, ruhiges „nein" reicht, um die unerwünschte Handlung in dem Moment zu unterbrechen, in dem er sich gerade im Wohnungsbereich lösen will. Heben Sie ihn hoch und bringen Sie ihn an einen geeigneten Ort, an dem er sich in Ruhe lösen kann.

Wenn der Welpe unruhig hin- und herläuft, am Boden schnüffelt oder vor der Tür steht, sollten Sie ihn gleich nach draußen bringen, damit er sich lösen kann.

Ignorieren Sie kleine und große Missge-schicke, die in Ihrer Abwesenheit pas-siert sind und beseitigen Sie diese kom-mentarlos. Nichts sagen, nicht genervt schauen, nicht strafen, nicht ärgern!

Nie Essigreiniger zum Putzen betrof-fener Stellen verwenden, denn sein Geruch regt den Hund zum Urinieren an.

Hundebücher empfehlen manchmal den Einsatz von Zeitungspapier, auf das der Hund im Haus urinieren oder koten soll. Dann soll er wieder Schritt für Schritt davon entwöhnt werden, indem die Zeitung immer kleiner gefaltet wird und schließlich ganz verschwindet.

Warum so umständlich, wenn es auch einfach geht? Warum dem Hund etwas beibringen, was er sich dann wieder abgewöhnen muss? Außer-dem besteht die Gefahr einer Fehlverknüpfung – der Hund lernt, sich im Wohnungsbereich (!) auf Zeitungspapier zu lösen, nicht aber auf an-deren Untergründen wie zum Beispiel einer Wiese und vor allem drau-ßen, wo er es ja eigentlich tun sollte.

Ein Welpe braucht Zeit, um zu verstehen, was wir von ihm erwarten und dann muss er, wie ein kleines Menschenkind auch, seinen Schließmuskel erst langsam trainieren, bevor er ihn über längere Zeiträume kontrollieren kann. In der Regel dauert die Erziehung zur Stu-benreinheit Tage bis Wochen, das ist von Hund zu Hund unterschied-lich.

In der Literatur empfohlene Kommandowörter zum Urinieren oder Koten sind unsinnig und gefährlich. Funktioniert die Methode und ist der Hund gehorsam, hält er so lange ein, bis Sie das erlösende Wort aussprechen. Ein so kontrollierendes Verhalten gegenüber einem uns anvertrauten Lebewesen ist moralisch fragwürdig und kann, gerade beim Welpen oder älteren Hund, enormen Stress auslösen und ge-sundheitsgefährdend werden. Der Hund soll sein Geschäft nicht auf Kommando verrichten, sondern dann, wenn er das Bedürfnis hat!

Tage und Nächte mit Geduld und Lob zahlen sich aus. Wichtige Grundregel: Verhaltensweisen werden durch Belohnung verstärkt! Loben Sie Ihren kleinen Hund also, wenn er „es" an der richtigen Stelle gemacht hat. Sollte sich trotz allem nicht der gewünschte Erfolg einstellen, bedenken Sie, dass auch eine Erkrankung, wie zum Beispiel eine Blasenentzündung, vorliegen könnte. Fragen Sie dann sicherheitshalber Ihren Tierarzt!

Aber natürlich müssen Sie Ihrem Welpen nicht nur die Stubenreinheit beibringen. In den kommenden Tagen und Wochen gibt es noch viele weitere Dinge, die es zu bedenken gilt. Informationen hierzu finden Sie auf den folgenden Seiten.

Die folgenden Tage und Wochen

Ruhe- und Aktivitätsphasen

Welpen brauchen, ebenso wie Kinder, noch sehr viel Schlaf. Achten Sie darauf, dass Ihr junger Hund ausreichend viele Ruhephasen erhält und nicht gestört wird, wenn er schlafen möchte. Sein Körper ist durch das schnelle Wachstum gefordert, sein Gehirn muss in einer relativ kurzen Zeitspanne viele Neureize kennen lernen und verarbeiten, denn der Prozess des Erwachsenwerdens verläuft beim Hund viel schneller als zum Beispiel beim Menschen. Stellen Sie sich vor, ein Mensch würde geboren und wäre nach ca. einem Jahr ausgewachsen! Diese schnelle Entwicklung kostet Kraft und fordert deshalb entsprechende Möglichkeiten zur Regeneration. Erhält Ihr Welpe diese Möglichkeiten nicht, wird er schnell überfordert und kann dadurch hyperaktiv, nervös und quengelig werden.

Wie oft und wie lange spazieren gehen?

Andererseits soll der junge Hund auch nicht überbehütet werden, denn er braucht geistige und körperliche Stimulation, damit die Gehirnkapazität wächst und der Muskelaufbau aktiviert wird. Es kommt also darauf an, das richtige Maß zu finden. Bei Spaziergängen gilt zum Beispiel folgende Regel: Gehen Sie mit Ihrem Welpen in etwa so viele Minuten spazieren, wie er in Wochen gerechnet alt ist. Also mit neun Wochen etwa neun Minuten pro Spaziergang, mit zwölf Wochen etwa zwölf Minuten usw. Es kommt dabei nicht auf jede einzelne Minute an, diese Regel ist mehr eine Richtlinie. Haben Sie zum Beispiel einen sehr aktiven jungen Hund einer lauffreudigen Rasse, so können Sie auch einige Minuten länger gehen. Sie sollten es nur nicht übertreiben und den Welpen körperlich wie geistig mit Gewaltmärschen überfordern. Anzeichen von Überforderung während eines Spaziergangs sind, wenn er zunehmend langsamer wird, sich eventuell sogar hinsetzt oder hinlegt, weil er nicht mehr weiter gehen möchte. Ein weiteres Anzeichen ist das Beißen in die Leine oder ein allgemeines Quengeln, beides bringt die Überforderung des Hundes zum Ausdruck. Mit anderen Worten: Wenn Sie diese Verhaltensweisen beobachten, ist es für Ihren jungen Hund schon zu viel. Besser ist es natürlich, wenn es so weit gar nicht kommt. Merken Sie sich also, wie lange Sie unterwegs waren und gehen Sie beim nächsten Mal deutlich kürzer.

Zwei kleine Spaziergänge täglich reichen anfangs vollkommen aus, wenn Ihrem Hund zusätzlich ein Garten zur Verfügung steht, in dem er sich lösen kann. Sollten Sie in einer Wohnung ohne Garten leben, müssen Sie natürlich öfter mit ihm raus.

Häufiges Hinsetzen oder in die Leine beißen während eines Spaziergangs zeigt, dass der Welpe müde und überfordert ist.

Wenn Sie einen eher sensiblen und schüchternen Welpen haben, können Sie in den ersten Tagen, die er bei Ihnen lebt, auch auf Spaziergänge verzichten. Bedenken Sie, dass er bei jedem Ausflug viele neue Eindrücke sammelt, die er verarbeiten muss. Das ist auch gut so, es gehört zum Lernen, aber ein schüchterner Welpe hat in den ersten Tagen eventuell schon genug damit zu tun, überhaupt mal das Haus, den Garten und alle Mitbewohner kennen zu lernen. Beginnen Sie Spaziergänge dann, wenn Sie das Gefühl haben, dass sich Ihr Welpe wohl und sicher fühlt und bereit ist für neue Eindrücke – das kann schon am nächsten Morgen nach der Abholung so sein oder auch erst nach drei Tagen. Hat sich Ihr junger Hund auch nach mehreren Tagen noch nicht vertrauensvoll eingelebt, sollten Sie in jedem Fall einen erfahrenen Trainer zu Rate ziehen.

Wann, wie oft und wie viel füttern?

Wie schon erwähnt, wächst der Organismus eines Welpen enorm schnell: Hierfür braucht er sehr viel Energie, die er aus der Nahrung bezieht, und deshalb ist es sehr wichtig, den Welpen gesund und abwechslungsreich zu ernähren. Die Ernährung des Hundes ist in den letzten Jahren viel diskutiert worden und es würde den Rahmen dieses Buches wie schon gesagt eindeutig sprengen, hier alle wichtigen Aspekte einer ausgewogenen Fütterung ansprechen zu wollen. Ich würde Ihnen raten, sich durch ein Gespräch bei einem Ernährungsexperten für Hunde oder beim Tierarzt zu informieren, welche Art der Fütterung für Sie und Ihren Hund in Frage kommt.

Die bei Fertigfutter angegebenen Mengenangaben stimmen oftmals nicht, weil sie nicht den Grundumsatz einer Rasse und den Leistungsumsatz eines jeden einzelnen Hundes berücksichtigen. Sie könnten zum Beispiel zwei Cocker Spaniel aus dem gleichen Wurf vor sich haben, beide unkastrierte Rüden, die eine ganz unterschiedliche Fütterung und auch Futtermenge benötigen, weil der eine bei einem ruhigen Ehepaar lebt und täglich zwei bis drei Mal ruhig spazieren geht, während der andere ein ausgebildeter Jagdhelfer ist, der mehrfach wöchentlich körperlich stark gefordert wird. Lassen Sie sich bei der Abholung zeigen, wie

große Portionen der Welpe zu welchen Tageszeiten bekommen hat und behalten Sie diese in etwa bei. Sollte Ihr Welpe dann abnehmen, erhöhen Sie die Menge einfach, nimmt er so stark zu, dass er zu dick wird, reduzieren Sie etwas. Ganz wichtig: Ein Welpe braucht, ebenso wie ein Menschenkind, Babyspeck. Es ist nicht ratsam, den jungen Hund super-schlank zu halten – er braucht Reserven für sein Wachstum, den Zahnwechsel und eventuell auftauchende Krankheiten wie zum Beispiel Durchfall. Selbstverständlich soll er nicht übergewichtig werden, aber leider hat der Schlankheitswahn inzwischen auch schon die Hundewelt erreicht, weil überambitionierte Halter ihre Tiere aus Angst, sie könnten zu dick werden, regelrecht dünn halten.

Füttern Sie Ihren Welpen mehrmals täglich und bieten Sie ihm auch Kauartikel an.

In jedem Fall sollten Sie einen Welpen mehrfach täglich füttern, da er die von ihm benötigte Nahrungsmenge nicht auf einmal zu sich nehmen kann. Hier gilt in etwa folgende Faustregel: Beginnen Sie mit vier bis fünf Fütterungen täglich, reduzieren Sie dann auf drei bis vier und schließlich (etwa ab dem sechsten bis zehnten Lebensmonat) auf zweimal täglich. Je größer ein Hund wird, desto größer ist sein Nahrungsbedarf und desto länger braucht er mehrere Mahlzeiten täglich, bis Sie schließlich bei zwei Mahlzeiten pro Tag angekommen sind.

Füttern Sie den Welpen abends nicht zu spät, sonst steigt das Risiko, dass er nachts koten muss und dies im Wohnbereich macht, wenn Sie es nicht bemerken. Die letzte Fütterung sollte gegen 18.00 Uhr stattfinden, wenn Sie etwa gegen 22.00 Uhr ins Bett gehen und ihn vorher nochmals raus lassen.

Ihr Welpe muss Erfahrungen sammeln

Lassen Sie Ihren Welpen auf den Spaziergängen oder bei anderen Gelegenheiten wie dem Besuch bei Freunden oder dem Aufenthalt im eigenen Garten ausreichend viel Möglichkeit, seine Umwelt zu erkunden. Greifen Sie nur ein, wenn er sich offensichtlich in Gefahr begibt, denn er wurde mit einem natürlichen Neugierverhalten ausgestattet, das er braucht, um durch Lernerfahrungen seine Umwelt kennen zu lernen und zu begreifen. Ein überbehüteter Welpe macht nicht ausreichend viele Erfahrungen, um später ein selbstbewusster Hund zu werden, der angstfrei auf neue Situationen zugeht.

Ich möchte Ihnen hierzu zwei Beispiele nennen: Auf einem kleinen Spaziergang lief der Welpe von Freunden auf einen ungesicherten Brunnenschacht zu, der so tief war, dass man den Grund nicht sehen konnte. Natürlich riefen wir den Welpen zu uns, leinten ihn an und machten einen Bogen um das Loch im Boden – die Gefahr, dass der

Gemeinsam mit anderen Hunden oder ihren Menschen erkunden Welpen die Umwelt.

unerfahrene kleine Hund in den Schacht stürzen und sich erheblich oder sogar lebensbedrohlich verletzen würde, war einfach zu groß. Ein paar Tage später sah dieser Welpe im Garten einen Igel und lief mit kindlicher Neugier auf ihn zu. Sein Frauchen wollte ihn gleich abrufen, damit er sich bei der näheren Untersuchung dieses spannenden Gartenbewohners nicht pieksen würde, aber ich bat sie, dies nicht zu tun, denn Nanuk würde schon alleine herausfinden, dass man Igel nicht gut über den Rasen rollen oder mit freundlichem Pfotenschlag zum Spielen auffordern kann. Genauso war es dann auch. Natürlich piekste es ein wenig, als er sich mit seiner Welpennase dem Igel so dicht näherte, dass er dessen Stacheln berührte – aber das war ja nicht so schlimm. Es war gerade unangenehm genug, dass Nanuk lernte, den Igel zukünftig in Ruhe zu lassen, weil er als Spielpartner nicht taugt. Wäre sein Frauchen hingegen eingeschritten und hätte ihn diese Erfahrung nicht machen lassen, wäre das Auftauchen des Igels zu einer immer größeren Attraktion geworden, ein unerklärliches Wesen, zu dem die Menschen einen nicht hinlassen, obwohl man als neugieriger Welpe so gerne hin möchte – und diese Aufregung hätte sich dann in aufgeregtem Bellen geäußert. Und schon hätten wir, ohne es zu wollen, den Grundstock dafür gelegt, dass Nanuk zukünftig jeden Igel verbellt, der den Garten durchquert. Also, lassen Sie Ihren Welpen ruhig eigene Erfahrungen sammeln, solange nicht wirklich Gefahr droht.

Kinder und Welpen

Für beide kann das tägliche Miteinander eine große Bereicherung sein, wenn sie im Umgang miteinander verantwortungsvoll angeleitet wurden – oder zur Katastrophe werden, die mit der Abgabe des jungen Hundes endet, wenn dies nicht geschieht.

Grundsätzlich ist es eine schöne und auch pädagogisch wertvolle Idee, ein Kind mit einem Haustier, in diesem Falle einem Hund, aufwachsen zu lassen. Das Kind kann in dem Hund einen guten Freund finden, der ihm jederzeit zuhört und auch gern mal mit ihm kuschelt, es kann lernen, Grenzen zu akzeptieren und Verantwortung zu übernehmen. Keinesfalls sollten Sie aber einen Hund für das Kind anschaffen. Ein Kind ist mit der Aufzucht, Pflege und dauerhaften Betreuung eines Hundes vollkommen überfordert. Dies sieht auch der Gesetzgeber so und hat verfügt, dass Kinder unter 16 Jahren einen Hund nicht selbständig in der Öffentlichkeit führen dürfen. Würde es in einem solchen Fall zu einem Unfall, einer Beißerei oder einem anderen Zwischenfall kommen, könnte und würde (!) jede Versicherung die Kostenübernahme verweigern und Sie als Eltern müssten den entstandenen Schaden aus eigener Tasche bezahlen. Damit nicht genug, könnte eine Anzeige wegen mangelnder Aufsichtspflicht folgen.

Welpen und Kinder können wunderbare Kameraden sein.

Doch nicht nur aus versicherungstechnischen Gründen sollten Sie ein Kind niemals mit dem Hund alleine spazieren gehen lassen. Leider hat die Hundefeindlichkeit in den letzten Jahren derart zugenommen, dass es immer wieder zu Anfeindungen bis hin zu Beleidigungen von Passanten gegenüber Hundehaltern kommt. Ganz gleich, ob diese Anfeindungen gerechtfertigt sind oder nicht – ein Kind ist mit einer solchen Situation in jedem Fall überfordert. Auch mit der Schlichtung einer Rauferei unter Hunden – die gar nicht von Ihrem eigenen Tier ausgegangen sein muss, der Ihre kann so friedlich und sozialverträglich sein wie er will, ein anderer Hund könnte ihn trotzdem angreifen – kann man ein Kind oder einen Jugendlichen nicht alleine lassen. Achten Sie also darauf, dass Spaziergänge immer gemeinsam stattfinden.

Auf gemeinsamen Spaziergängen gibt es immer etwas Aufregendes zu entdecken.

Gerade für kleine Kinder kann dies ein richtig tolles Abenteuer werden. Ich erinnere mich noch ganz genau an die vielen Waldspaziergänge, die ich im Alter zwischen fünf und neun Jahren mit meinem Vater und den Collies unserer Familie machte. Wir liefen mit den Hunden durch Schluchten, spielten im Laub, sprangen über kleine Bäche und mein Vater unterrichtete mich so ganz nebenbei über Baumsorten, die Jahreszeiten, Hunderassen, den Weg des Wassers vom Bach in den Fluss und ins Meer usw. Wissbegierig sog ich alles ein, was er mir über Hunde – und auch sonst über die Natur – erzählte und war stolz, wenn ich seine Rückfragen beantworten konnte. Erlebnispädagogik nennt man so etwas heute – damals hieß es Hundespaziergang. ☺

Gleichzeitig lernte ich, die Grenzen eines anderen Lebewesens zu akzeptieren. So wurde mir zum Beispiel beigebracht, nicht zu den Hunden zu gehen, wenn sie sich auf ihre Liegeplätze zurückgezogen hatten und dort dösten oder schliefen. Eine sehr gute Lektion, denn viele Missverständnisse zwischen Kind und Hund entstehen, wenn der Hund nicht in Ruhe gelassen wird, wenn er ausruhen möchte oder im Schlaf erschrickt, weil er plötzlich angefasst wird, ohne das Herannahen des Kindes vorher bemerkt zu haben.

Ebenso wurde mir zum Beispiel erklärt, dass ich den Hund in aller Ruhe fressen lassen sollte. Ich dürfe mich nicht wundern, wenn der Hund ärgerlich wird, wenn ich versuchte, ihm das Futter wegzunehmen, erklärten mir meine Eltern und ich war durchaus in der Lage, das zu verstehen. Deshalb bin ich heute überrascht, wenn Eltern mir sagen, sie wüssten schon, dass das Kind den Hund zu sehr drangsaliere, ihn nie in Ruhe lasse usw., sie könnten dies dem Kind aber nicht begreiflich machen. Eine Frage des Alters scheint das nicht zu sein, denn diese Aussage kommt über zweijährige Kinder ebenso wie über sechs- oder zehnjährige. Es ist wohl eher eine Frage der Erziehung. Deshalb gibt es auch kein bestimmtes Alter, in dem ein Kind sein sollte, bevor ein Hund angeschafft wird. Mir sind viele Familien bekannt, in denen selbst Kinder im Krabbelalter bestens mit dem Hund, manchmal sogar gleich mehreren Hunden, auskommen und ebenso viele, wo das „Abenteuer Hund" mit der Abgabe des Tieres endet, weil die Eltern einfach nicht in der Lage sind, dem Kind Grenzen im Umgang mit dem Tier aufzuzeigen. Wenn dem Hund der sprichwörtliche „Geduldsfaden" dann irgend-

Wenn der junge Hund sich zum Ausruhen zurückzieht, sollte er nicht zu weiteren Aktivitäten aufgefordert werden. Man kann ihm aber Gesellschaft leisten.

wann reißt und er sich durch Abschnappen oder sogar Beißen zur Wehr setzt, ist dies eine schlimme Erfahrung für alle Beteiligten – für das Kind, den Hund und die Eltern.

Stellen Sie sich also darauf ein, Ihr Kind im Umgang mit dem neuen Hausgenossen anzuleiten und ihm zu erklären, wie es auf den jungen Hund so zugehen und mit ihm umgehen kann, dass dieser sich dabei auch wohl fühlt. Kinder verfügen in der Regel über ein sehr gutes Einfühlungsvermögen und verhalten sich bei entsprechender Anleitung freundlich und fürsorglich. Sehr gut verstehen Kinder, dass sie mit dem Hund so umgehen sollen, wie sie selbst behandelt werden wollen. Erklären Sie Ihrem Kind also zum Beispiel, dass es einem Hund ebenso weh tut, an den Haaren gezogen zu werden, wie ihm selbst.

Auch wenn Kind und Hund ein gutes und vertrauensvolles Verhältnis zueinander entwickelt haben, sollten Sie die beiden niemals unbeaufsichtigt sich selbst überlassen, denn manchmal tut ein Kind etwas Unüberlegtes, das den Hund erschreckt und zur Abwehr veranlasst.

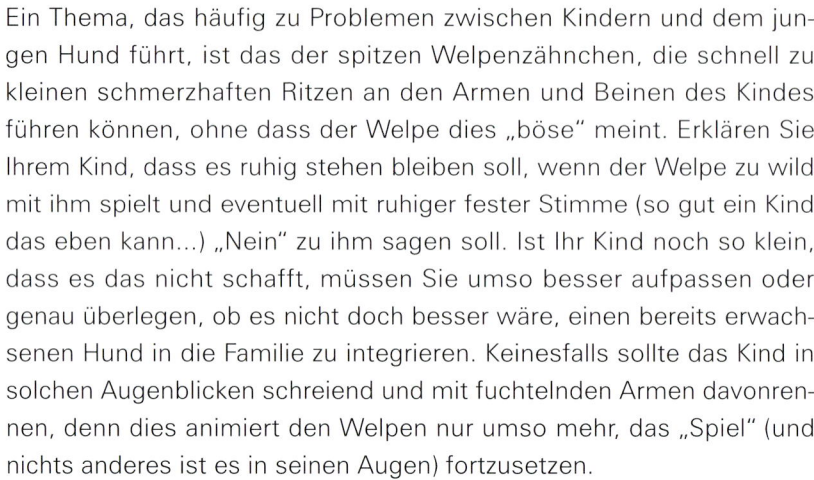

Ein Thema, das häufig zu Problemen zwischen Kindern und dem jungen Hund führt, ist das der spitzen Welpenzähnchen, die schnell zu kleinen schmerzhaften Ritzen an den Armen und Beinen des Kindes führen können, ohne dass der Welpe dies „böse" meint. Erklären Sie Ihrem Kind, dass es ruhig stehen bleiben soll, wenn der Welpe zu wild mit ihm spielt und eventuell mit ruhiger fester Stimme (so gut ein Kind das eben kann...) „Nein" zu ihm sagen soll. Ist Ihr Kind noch so klein, dass es das nicht schafft, müssen Sie umso besser aufpassen oder genau überlegen, ob es nicht doch besser wäre, einen bereits erwachsenen Hund in die Familie zu integrieren. Keinesfalls sollte das Kind in solchen Augenblicken schreiend und mit fuchtelnden Armen davonrennen, denn dies animiert den Welpen nur umso mehr, das „Spiel" (und nichts anderes ist es in seinen Augen) fortzusetzen.

Bei der Erziehung des Hundes sollten kleine Kinder nicht mit einbezogen werden. Sie neigen dazu, Kommandos einfach vor sich hinzuplappern oder ständig zu wiederholen, bis auch der gutmütigste Hund nicht mehr zuhört und schließlich tut, was er will. Ältere Kinder oder Jugendliche können und sollten angeleitet werden, wie der Hund richtig erzogen und mit ihm umgegangen wird. So lernen sie, ein Stück Verantwortung mit zu tragen und darüber hinaus wird gewährleistet, dass der Hund von allen gleich geführt wird.

Ältere Kinder dürfen auch ab und zu ein Kommando geben – die Erziehung sollte jedoch grundsätzlich in der Verantwortung der Erwachsenen liegen.

Aber natürlich muss auch der Hund lernen, zum Beispiel vorsichtig mit den Kindern umzugehen, sie nicht anzuspringen oder zu grob mit ihnen zu spielen. Er muss gezeigt bekommen, dass Essen in Kinderhand tabu ist – selbst wenn in Augenhöhe vor ihm damit herumgefuchtelt wird und er mit einem schnellen Schnapper leicht daran käme und vieles mehr. Mit anderen Worten: Die Erwachsenen des Haushalts werden in der ersten Zeit eine Menge zu tun haben, denn sie müssen Kind und Hund anleiten und erziehen.

Bei der Frage, welche Art von Hund am besten in einen Haushalt mit (kleinen) Kindern passt, gibt es einige Tipps als Entscheidungshilfe:

🐾 Ich rate in der Regel dazu, einen Hund zu wählen, der ausgewachsen so groß ist, dass er nicht von den Kindern hochgenommen und herumgetragen werden kann. Wenn sich zum Beispiel eine Bordeauxdogge mit einem tiefen Seufzer auf die Seite legt und signalisiert, dass sie ihre Ruhe haben will, wird es kein Kind schaffen, den Hund gegen seinen Willen mit ins Kinderzimmer zu nehmen.

🐾 Ein kurzhaariger Hund läuft nicht Gefahr, stundenlang frisiert und mit Haarspangen traktiert zu werden. ☺

🐾 Der Hund sollte nicht zu aktiv sein, sonst rennt er in seiner Begeisterung die Kinder freundlich wedelnd über den Haufen, und nicht zu ruhig, sonst geht ihm die Ausgelassenheit eines oder mehrerer Kinder schnell auf die Nerven, was keine gute Basis für eine Freundschaft zwischen den beiden ist.

Bordeauxdogge

🐾 Es sollte natürlich auch keine Rasse oder Mischung sein, die über ein sehr hohes Wachverhalten auf eigenem Territorium verfügt, denn Kinder bekommen gern Besuch und so könnten die Interessenslagen des Hundes und die der Kinder jäh aufeinander prallen.

Am besten, Sie lassen sich von einem unabhängigen Profi beraten. Die Investition einer Beratung in einer guten Hundeschule zahlt sich in jedem Fall aus. Viele Probleme werden gar nicht auftreten, weil schon im Vorfeld geklärt wurde, wie sie vermieden werden können. Eine Beratung bei einem Züchter ist in der Regel nicht sehr Erfolg versprechend, weil praktisch jeder Züchter seine Rasse als „idealen, kinderlieben, wachsamen und loyalen Familienhund" anpreist. Menschlich verständlich, aber für Sie wenig hilfreich. Selbstverständlich gibt es auch Züchter, die sachlich und genau informieren, aber leider sind sie in der Minderheit und daher schwer zu finden. Sollten Sie einen wissen, empfehlen Sie ihn weiter, damit er für seine Mühe auch mit einem guten Ruf belohnt wird und damit auch andere von seinem Fachwissen profitieren können!

Die Regeln des täglichen Zusammenseins – Grundlagen der Erziehung und des Lernens

Am besten überlegen Sie schon vor der Ankunft Ihres jungen Hundes, was Sie ihm grundsätzlich erlauben und wo Sie ihm Grenzen setzen möchten. Der beste Zeitpunkt, diese Regeln einzuführen ist der Augenblick des Einzugs, denn für Ihren Welpen wäre es nur schwer zu verstehen, weshalb er heute etwas tun darf, das ab morgen oder übermorgen plötzlich verboten ist.

Deshalb sollten sich alle Familienmitglieder abgesprochen haben, was ein Hund in dieser Familie darf und was nicht. Gehen Sie bei den Überlegungen hierzu davon aus, was Ihnen persönlich wirklich wichtig ist und lassen Sie sich keinesfalls von veralteten Theorien über das angebliche Dominanzgebaren oder Rangordnungsstreben Ihres jungen Hundes leiten, die längst widerlegt sind.

Das Liegen auf dem Sofa oder anderen erhöhten Liegeplätzen hat nichts mit der Rangposition des Hundes innerhalb der Familie zu tun.

Auch hierzu wieder ein Beispiel: Früher glaubte man, es sei nicht gut, wenn der Hund auf dem Sofa (einem erhöhten Liegeplatz) schlafen oder kuscheln dürfe, weil dies nur ranghohen Tieren vorbehalten sei. Der Hund glaube nun also, wenn man ihm dies erlaube, er sei ein ranghohes Tier, was wiederum zur Folge habe, dass er schlechter gehorchen werde und ins-

gesamt aufsässig würde. Eine andere Annahme war, dass der Mensch immer vor seinem Hund durch die Tür gehen müsse, wenn beide das Haus verließen, weil der Hund sonst die Führungsposition übernähme und einfach dahin gehen würde, wohin er wollte und erwarte, dass sein Mensch ihm zu folgen habe. Viele solcher Annahmen geisterten durch die Hundewelt und führten zu teilweise grotesk anmutenden Regeln, die von einem Hundehalter unbedingt eingehalten werden sollten.

Hier ein paar Beispiele, die Sie vielleicht auch schon gehört haben:

UNSINNIGE **RATSCHLÄGE**

„Wir Menschen sollen Sex vor den Augen unseres Hundes haben, damit dieser sieht, dass wir das Recht auf Verpaarung haben, er als rangniederes Wesen aber nicht.

Der Hund darf auf Spaziergängen niemals vor uns laufen, weil er sonst die Führungsposition einnimmt und dies zur Folge hat, dass er uns Menschen deshalb nur als rangniedere Befehlsempfänger ansieht, denen er sich nicht zu fügen hat.

Der Hund darf draußen nicht unerlaubt urinieren, weil dies einem Markieren gleichkommt, mit dem er seinen hohen Sozialstatus zum Ausdruck bringt. Deshalb ist das Entleeren der Blase nur in den ersten Minuten des Spaziergangs zu erlauben und anschließend mit Leinenruck zu bestrafen.

Ein Hund darf niemals ein Spiel mit Herrchen oder Frauchen von sich aus beginnen oder beenden, jegliche Initiative muss immer vom Menschen ausgehen, weil dies dem in der Rangordnung Höhergestellten zusteht.

Der Hund darf niemals fressen, bevor nicht zuerst der Mensch gegessen hat, weil der Ranghöhere das Futtervorrecht hat. Die Rangniederen müssen sich dann mit den Resten begnügen.“

Diesen von einigen Menschen aufgestellten Theorien und teilweise schon irrwitzig anmutenden Regeln standen die Erfahrungswerte vieler tausender Hundehalter entgegen, deren Hunde durchaus auf dem Sofa oder im Bett schliefen, zuerst durch die Tür gingen, draußen dorthin pinkelten, wo sie wollten, zuerst fraßen, auf Spaziergängen vor ihren Haltern liefen, aber trotzdem gut gehorchten und auch sonst keine Probleme im Verhalten zeigten. Wie konnte das sein?!

Hierfür gibt es mehrere Gründe. Zunächst einmal war es so, dass es überhaupt sehr viele Vermutungen über das Verhalten von Hunden und ihren Vorfahren, den Wölfen, gab, die sich hinterher als falsch herausstellten. So ist es zum Beispiel nicht so, dass immer die „ranghohen" Tiere bei Wanderungen führen oder zuerst fressen. Hinzu kommt, dass die Dominanztheorie aus der Hackordnungstheorie von Schjelderupp-Ebbe abgeleitet wurde, der im Jahre 1922 Hühner beobachtet hatte. Beim Studium des sozialen Miteinanders von Haushühnern stellte er fest, dass das ranghöchste Huhn alle anderen dominiert, aber von keinem anderen dominiert wird. Das zweithöchste Huhn dominiert alle außer dem ersten usw. usw. Wie es dazu kam, dass diese Theorie einfach auf andere Tiere – und so auch auf Hunde – übertragen wurde, ist heute nicht mehr nachzuvollziehen, aber fest steht, dass das Dominanzverhalten von Hunden noch gar nicht erforscht ist und doch wesentlich komplexer strukturiert zu sein scheint als das von Hühnern.

Auch die Rangordnung unter Hunden stellte man sich als eine Art von Hackordnung vor, die von oben (dem ranghöchsten Tier) nach unten (dem rangniedrigsten Tier) durchstrukturiert war. Heute weiß man um diese Fehlinterpretationen und geht vielmehr davon aus, dass man sich ein Rudel eher wie eine Familie vorstellen kann. David Mech schreibt hierzu:

Ob Ihr Hund beim Spaziergang vor oder hinter Ihnen läuft, darf ruhig ihm selbst überlassen bleiben.

„Das typische Wolfsrudel sollte daher als eine Familie mit erwachsenen Elterntieren angesehen werden, bei der die Elterntiere die Aktivitäten der Gruppe lenken. Die Führung der Gruppe wird durch ein System der Arbeitsteilung untereinander aufgeteilt. Das Muttertier führt bei Aktivitäten wie der Jungenaufzucht und der Verteidigung des Nachwuchses, während der Vater hauptsächlich bei Aktivitäten wie der Jagd, also der Nahrungsbeschaffung und der damit verbundenen Wanderungen, führt..."

Wölfe leben in Rudeln zusammen, deren Strukturen denen einer Menschenfamilie ähneln.

Im Laufe der Domestikation haben sich viele Verhaltensweisen und Charaktereigenschaften verändert, weshalb ein ganz erheblicher Unterschied zwischen Wölfen und Hunden besteht, aber auch für Hunde lässt sich hieraus der Rückschluss ziehen, dass es in der sozialen Struktur unter Hunden, aber auch unter Hunden und Menschen, offensichtlich nicht ständig um Machtpositionen geht, die es zu sichern gilt.

Viel eher wird man dem sozialen Verständnis eines Hundes gerecht, wenn man eine Art „Elternschaft" einnimmt, in der man aufgrund von Erfahrung und Souveränität die Führung übernimmt. Diese Führung beinhaltet aber nicht, dass man den Hund zum Befehlsempfänger degradiert! Ganz im Gegenteil. Eine gute Führung, also auch eine gute Erziehung, beinhaltet, dem Hund zwar innerhalb eines bestimmten Rah-

mens zu seiner eigenen Sicherheit und für ein problemloses Miteinander Grenzen zu setzen, gleichzeitig aber auch genug Freiräume zu schaffen, die ihm die Möglichkeit geben, eine eigene Persönlichkeit zu entwickeln. Gerade beim Welpen ist dies von großer Bedeutung, da er sich in einer ganz wichtigen Phase seiner Persönlichkeitsentwicklung befindet.

Ich habe mich oft gefragt, was insbesondere Trainer (also Menschen, die sich eigentlich gut mit Hunden auskennen sollten) dazu treibt, übermäßig streng und grob, manchmal geradezu brutal mit einem Hund umzugehen, und ich bin bei meinen Beobachtungen auf folgende hauptsächliche Gründe gestoßen: Tradition, mangelnde Reflektionsmöglichkeiten, mangelnde Empathie, Überforderung und Angst. Schauen wir uns diese Gründe genauer an:

Tradition Hier wird argumentiert, dass man schon viele Hunde erzogen habe, sich auskenne und Schläge, Leinenrucks usw. halt sein müssten, weil der Hund sonst dominant würde. Sogar im 21. Jahrhundert glauben manche Menschen noch, ein Hund könne nur mit Kettenhalsband und Leinenruck erzogen werden und ein guter Gehorsam müsse über Strafe abgesichert werden. Mein Kommentar: Au weia!

Mangelnde Reflektionsmöglichkeiten Diese Gruppe überschneidet sich meistens mit den „Traditionsbewussten". Auch wenn etwas schon immer so war, muss es nicht richtig sein! Offensichtlich sind diese Menschen nicht in der Lage, selbstständig darüber nachzudenken, ob es wirklich richtig ist, einem Tier Schmerzen zuzufügen und Angst einzuflößen.

Ein fairer, freundlicher und vertrauensvoller Umgang miteinander ist das Kennzeichen einer guten Mensch-Hund-Beziehung.

Mangelnde Empathie Es mangelt einfach an der Fähigkeit, sich in die Lage des Tieres zu versetzen und Mitleid zu empfinden. Oftmals verstecken sich diese Menschen hinter Phrasen wie „Ein Hund ist eben nur ein Hund – dem muss man das eben anders beibringen als einem Kind."

Überforderung Menschen, die einen Hund schlecht behandeln, weil sie mit den Anforderungen, die zum Beispiel ein quengelnder Welpe, der ständig alles anknabbert und nicht alleine bleibt, überfordert sind und aus dieser Überforderung heraus die Nerven verlieren. In der Regel tut es ihnen hinterher furchtbar leid und sie schämen sich sogar für ihr Verhalten.

Angst Der vielleicht stärkste und am häufigsten vorkommende Grund, insbesondere bei Trainern (Hobbyisten wie Profis). Aus Angst, der Hund könne sich gegen den Menschen, in diesem Fall sie selbst, wenden, wird er über Schmerz- und Angsteinflößung so eingeschüchtert, dass er kaum noch zu einer Handlung fähig ist – und somit auch nichts mehr tut, was die eigene Angst auslöst.

Hunde lernen gern und sind sehr kooperativ. Diese beiden haben gelernt, auf eine freundlich einladende Handbewegung zu ihrer Halterin zu kommen.

Oftmals greifen gleich mehrere der genannten Gründe ineinander über und dies bedeutet für den Hund nichts Gutes. Dabei ist es so leicht, einem Hund etwas beizubringen und sein Verhalten in die gewünschten Bahnen zu lenken, wenn man sich etwas mit seinem Lernverhalten beschäftigt und das in der Erziehung berücksichtigt. Denn Hunde lernen ausgesprochen gern und sind im Training sehr kooperativ!

Das Lernverhalten von Hunden

Es gibt verschiedene Formen des Lernens, aber die wichtigste ist wohl die der gedanklichen Verknüpfung, der Assoziation. Ein Hund denkt nicht umständlich „um mehrere Ecken", sondern verknüpft Ereignisse oder Objekte mit dem, was in dem Augenblick geschieht, in dem er sie wahrnimmt. Ein Beispiel: Ein Welpe sieht zum ersten Mal in seinem Leben einen ganz bestimmten Menschen und genau in diesem Augenblick fällt ein Topf laut klappernd zu Boden und erschreckt ihn ganz furchtbar. Es kann nun passieren, dass der Welpe verknüpft: Das Auftauchen dieses Menschen ist mit Angst einflößenden Schreckreizen verbunden – also muss dieser Mensch gemieden werden, um dieser Gefahr zu entgehen. Man kann dem jungen Hund nicht erklären, dass der Topf nur zufällig in dem Augenblick zu Boden fiel, als dieser Mensch, der eigentlich ein ganz netter ist, den Raum betrat.

Deshalb sollten Sie darauf bedacht sein, keine sogenannten „Fehl"-Verknüpfungen herzustellen. Dies geschieht oft schneller, als man denkt und insbesondere dann, wenn man sich selbst nicht gut genug darauf trainiert hat, die Situation immer auch aus Sicht des Hundes zu betrachten, bevor man auf sein Verhalten reagiert. Ein weiteres Beispiel: Wenn Sie Ihren jungen Hund mit der Leine heftig in dem Moment zurückreißen, in dem er einen Besucher ganz freundlich mit einem Hopser begrüßen will, kann der dabei empfundene Schreck und Schmerz vom Welpen mit einer generellen Angst vor diesem Menschen oder auch allen Menschen, die ähnlich aussehen oder allen Situationen, die von ihm ähnlich empfunden werden, verknüpft werden und schon haben Sie ein Problem, weil Ihr Welpe zukünftig ängstlich reagieren wird. Sie können ihm nicht erklären, dass Sie ihn doch nur zurückgezogen haben, damit er den Besucher nicht anspringt und dabei seine Kleidung beschmutzt.

Geben Sie Ihrem Welpen ein Leckerchen, wenn Sie Besuch bekommen. So verbindet er fremde Menschen mit einer angenehmen Erfahrung.

Das heißt nun nicht, dass Sie Ihren Welpen niemals im Verhalten korrigieren können und er einfach tun und lassen kann, was er möchte. Aber Erziehung greift am besten ohne unnötige Strenge und vor allem ohne Strafe. Setzen Sie stattdessen auf Vertrauen, Erklärung und Motivation und sagen Sie dem Welpen, was Sie von ihm wollen, statt zu korrigieren, was Sie nicht wollen. Auf unser Beispiel mit dem Besucher, den der Hund nicht anspringen soll, würde Ihre Reaktion dann so aussehen, dass Sie den Welpen freundlich abrufen, bevor er dazu kommt, den Gast anzuspringen. Für dieses Abrufen bekommt er ein Leckerchen und dann gehen Sie gemeinsam zum Besuch und begrüßen diesen ruhig und freundlich. Schon nach wenigen Wiederholungen lernt Ihr Hund, dass er beim Auftauchen von Besuch zu Ihnen läuft, dafür eine Belohnung bekommt und sie dann gemeinsam zum Begrüßen gehen. Das ist viel besser, als ihn an der Leine zurückzureißen.

Durch eine ruhige und freundliche Begrüßung lernt Ihr Welpe, sich Besuch gegenüber ebenso ruhig und freundlich zu benehmen.

Die Eckpfeiler einer erfolgreichen Erziehung: Vertrauen, Erklärung und positive Verstärker

Damit sich der Hund ganz auf die an ihn gestellten Aufgaben konzentrieren kann und eifrig und freudig bei der Sache ist, muss er Ihnen vertrauen können. Das Vertrauen zum Lehrer, also Ihnen, ist die wichtigste Basis für ein angst- und stressfreies Lernen. Seien Sie deshalb niemals aufbrausend und ungeduldig, wenn Ihr Welpe etwas nicht gleich versteht, unerwünschte Verhaltensweisen zeigt oder aus Ihrer Sicht Fehler macht. Er tut es nicht absichtlich, sondern weil er noch nicht verstanden hat, worum es geht.

Erklären Sie ihm in aller Ruhe die Aufgabe und geben Sie ihm ausreichend Zeit zu verstehen, was Sie von ihm wünschen. Seien Sie also nicht ungeduldig, zerren Sie nicht an ihm herum, weil Ihnen etwas nicht schnell genug geht. Das würde ihm nur Angst einflößen und ihn stressen. Stress wiederum setzt die Lernleistung herab, das kennt beinahe jeder von uns noch aus der eigenen Schulzeit. Wenn wir zum Beispiel durch sehr strenge Lehrer stark unter Druck gesetzt wurden und deshalb Angst vor Bestrafung bei Fehlern hatten, lernten wir schlechter und machten deshalb fast automatisch Fehler, die wiederum Strafe nach sich zogen, weshalb wir nur noch nervöser wurden. So macht Lernen keinen Spaß!

Auch Welpen lernen schnell und freudig, wenn man ihnen eine Aufgabe hundgerecht erklärt.

Sorgen Sie also für eine entspannte Lernatmosphäre, in der Sie und Ihr Hund sich wohl fühlen. Achten Sie darauf, dass gerade am Anfang von neuen Übungen nur geringe Ablenkungsreize vorhanden sind, dann kann sich Ihr kleiner Hund besser konzentrieren. Arbeiten Sie nur in ganz kurzen Lerneinheiten (wenige Minuten), sonst überfordern Sie ihn. Ein Hund kann sich generell nicht so lange auf eine Aufgabe konzentrieren wie ein Mensch, ein noch junger Welpe kann dies erst recht nicht.

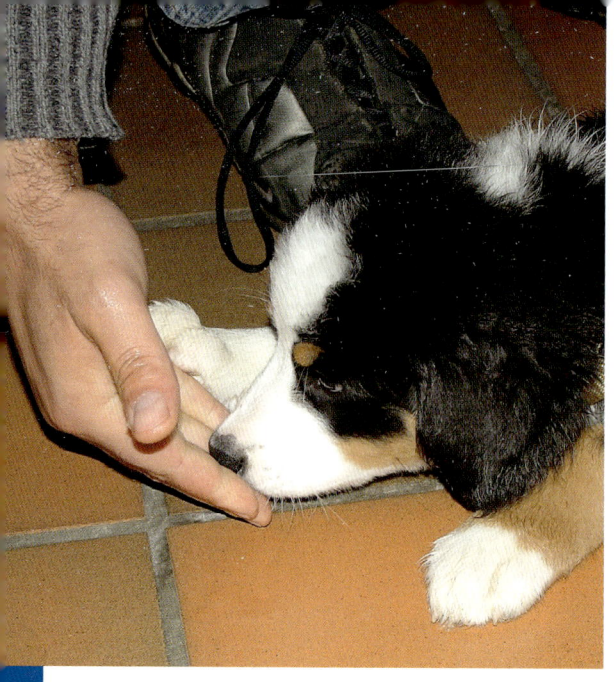

Arbeiten Sie über Belohnung, denn das motiviert den Hund zum Mitmachen. Ein paar leckere Käsestücke, ein kleines Spiel, ein gemeinsames Kuscheln, all das ist für einen jungen Hund sehr erstrebenswert und er wird bereit sein, etwas dafür zu tun, um es zu erhalten. Außerdem wird er dem Training/ Ihren Anweisungen mit einer freudigen Erwartungshaltung entgegensehen. Schöner kann Lernen gar nicht sein! Positive Verstärker nennt man alles, was einen Hund zum Mitmachen motiviert und/ oder ein von ihm gezeigtes Verhalten bestätigt. Diese Verstärker können sein:

- Futterbelohnung
- ein gemeinsames Spiel
- jede Form von positiver Zuwendung wie Streicheln, Kuscheln usw.
- eine angestrebte Handlung ausführen zu dürfen

Ich werde oft gefragt, welche dieser positiven Verstärker die größte Motivation beim Welpen hervorruft. Das kann sehr unterschiedlich sein, denn manche Hunde mögen am liebsten etwas Leckeres zu essen, während andere am liebsten spielen. Grundsätzlich gilt: Die stärkste Motivation ruft das hervor, was Ihr Welpe jetzt in diesem Augenblick am liebsten haben oder tun möchte. Möchte er am liebsten im Wasser plantschen, machen Sie eine kurze Übung und lassen Sie ihn dann zum Bach. Ist er ganz versessen auf Nudeln, rufen Sie ihn mit seinem Abrufkommando und belohnen Sie ihn dann genau damit. Es gibt viele solcher Beispiele, es kommt nur darauf an, dass Sie Ihren Hund gut beobachten, dann erschließt sich Ihnen praktisch wie von selbst, was er jetzt am liebsten haben oder tun möchte.

> **DIE STÄRKSTE MOTIVATION RUFT DAS HERVOR, WAS IHR WELPE JETZT IN DIESEM AUGENBLICK AM LIEBSTEN HABEN ODER TUN MÖCHTE.**

Seien Sie sich bewusst, dass Lernen immer und überall stattfindet. Sie müssen sich nicht vornehmen, täglich von 16.00 bis 16.30 Uhr in den Garten zu gehen und zu üben. Das Herunterexerzieren einzelner Kommandos mit endlosen Wiederholungen langweilt den Welpen schnell und hat wenig Realitätsbezug zu Ihrem Alltag. Viel besser ist es, kleine Lernschritte und Übungen über den Tag verteilt in das ganz normale Zusammensein mit einfließen zu lassen. So lernt Ihr Hund ganz von selbst, dass Anweisungen immer dort gelten, wo man sich gerade befindet – nicht nur zu einer bestimmten Zeit am Übungsplatz.

Als Nächstes möchte ich Ihnen ein paar ganz einfache Übungen vorstellen, die Sie selbst mit Ihrem Welpen aufbauen können und die das tägliche Miteinander erleichtern:

Kleine Übungen können Sie überall einbauen: Im Wald, auf der Wiese, im Wohnzimmer usw.

Das einfache Herankommen ohne Vorsitzen über „schau mal her"

Es ist eines der wichtigsten Kommandos überhaupt, denn es gibt viele Situationen, in denen Sie Ihren jungen Hund zu sich rufen müssen, zum Beispiel, damit er anderen Menschen nicht vor den Füßen herumrennt oder sich selbst in Gefahr bringt.

Rufen Sie ihn mit freundlicher Stimme und nennen Sie dabei seinen Namen und das Kommandowort, also zum Beispiel „Bella, schau mal her". Sobald sich Ihr Welpe in Ihre Richtung in Bewegung setzt, loben Sie ihn, denn damit geben Sie ihm zu verstehen, dass er bereits etwas Richtiges tut und motivieren ihn so zum Weitermachen. Wenn er schließlich bei Ihnen angekommen ist, geben Sie ihm ein Leckerchen.

Halten Sie Ihre Hand seitlich vom Körper, damit der Welpe nicht auf Sie zulaufen muss, während Sie vornübergebeugt vor ihm stehen, denn das kann schnell bedrohlich auf ihn wirken. Halten Sie die Hand nach unten, denn sonst könnte es sein, dass Ihr Welpe an Ihnen hochspringt, um an die Hand mit dem Leckerchen zu kommen, und genau das wollen Sie ihm ja nicht beibringen.

Achten Sie anfangs darauf, das Abrufen nur dann mit ihm zu üben, wenn nicht zu viele Ablenkungsreize vorhanden sind, damit er sich gut auf Sie konzentrieren kann. Erst wenn er schon recht zuverlässig kommt, können Sie den Ablenkungsgrad allmählich steigern. Dies gilt übrigens nicht nur für diese Übung, sondern auch für die zur Richtungsanzeige und zur Leinenführigkeit.

Ein Hund, der auf diese Art und Weise gerufen wird, hat sicher keine große Lust, freudig auf seinen Halter zuzulaufen. Deshalb zögert dieser Welpe auch beim Herankommen.

Eine einladende Körperhaltung und eine hohe, freundliche Stimme machen es für den Welpen einfach und angenehm, das Kommando „schau mal her" auszuführen.

89

Die Richtungsanzeige über „weiter"

Es erleichtert Spaziergänge und Alltagssituationen ungemein, wenn Ihr Hund auf Hör- und Sichtzeichen „weiter" in die von Ihnen mit der Hand angezeigte Richtung geht. Hunde reagieren sehr gut auf Körpersprache, verstehen diese instinktiv und vor allem besser als ein gesprochenes Wort.

Deshalb ist es wichtig, dass Sie sich dann auch wirklich in die von Ihnen angezeigte Richtung bewegen. Bleiben Sie zögerlich stehen, weil Sie schauen wollen, ob Ihr Welpe auch wirklich losgeht, wird er mit großer Wahrscheinlichkeit ebenfalls stehen bleiben – denn er orientiert sich an Ihrer Körpersprache und die zeigt ihm gerade Stillstand statt Bewegung. Gehen Sie also los und loben Sie ihn, sobald er Ihnen in die angezeigte Richtung folgt.

Erste Übungen zur Leinenführigkeit

Erste Lernschritte zur Leinenführigkeit sollten schon mit einem Welpen geübt werden, damit es gar nicht dazu kommt, dass er später einmal an der Leine zieht. Das Spannende an dieser Übung ist, dass Sie zunächst mehr tun müssen als Ihr Hund! Sie müssen nämlich lernen, auch selbst nicht an der Leine zu rucken und zu ziehen und das klingt einfacher, als es ist. Es passiert schnell, dass wir aus Unachtsamkeit an der Leine ziehen, zum Beispiel,

Bei der Richtungsanzeige über „weiter" halten Sie die Hand anfangs auf Augenhöhe Ihres Welpen.

weil unser Hund zum Schnüffeln stehen geblieben ist, wir das nicht bemerkt haben und mit unvermindertem Tempo weiter gegangen sind. Oder wir kommen an eine Straße und ziehen an der Leine, um den Hund daran zu hindern, auf die Fahrbahn zu laufen. Wie soll der Welpe nun aber verstehen, dass Zug auf der Leine in Ordnung ist, wenn er vom

Menschen ausgeht, aber nicht in Ordnung ist, wenn er von ihm ausgeht?! Das kann er beim besten Willen nicht. Es geht also darum, ihn zu lehren, dass Druck auf der Leine generell nicht erwünscht ist.

Dazu ist es wichtig, ihn an einer Leine zu führen, die ausreichend lang ist. Ist sie nämlich zu kurz, muss der Welpe geradezu ziehen, weil sich die Leine schon spannt, wenn er sich nur ein oder zwei Schritte vorwärts bewegt. Ideal finde ich eine Leinenlänge von drei Metern, denn so kann sich der Hund auch mal links und rechts am Wegesrand orientieren oder ein kleines Stück vor oder hinter seinem Menschen laufen, ohne gleich in den Zug zu kommen.

Wenn Sie nun erste kleine Übungen mit ihm machen, suchen Sie sich ein ruhiges Gelände, dies kann auch der eigene Garten sein, und führen Sie Ihren Welpen achtsam und ruhig an der Leine. Wenn Sie die Richtung wechseln, sprechen Sie ihn vorher an und zeigen Sie ihm mit Hör- und Sichtzeichen „weiter", wohin Sie gehen möchten. Folgt er Ihnen, loben Sie ihn. Verändern Sie ruhig auch mal das Tempo, aber sprechen Sie ihn immer dabei an. Sie möchten schließlich auch nicht einfach weiter gezerrt werden, wenn Sie mit jemandem spazieren gehen, sondern finden es angenehmer, wenn man Ihnen sagt, wo es lang geht und Sie sich darauf einstellen können.

Gewöhnung an das Alleinsein

Zunächst einmal ist es ganz wichtig zu verstehen, dass es selbst für einen erwachsenen Hund, und erst recht für einen Welpen, sehr beängstigend sein kann, allein zurückgelassen und dabei räumlich begrenzt zu werden, denn dies ist ein Zustand, der in freier Natur nicht vorkommt. Die Welpen werden immer beaufsichtigt und liebevoll umsorgt, werden sie einmal für kurze Zeit allein gelassen, sind sie dennoch nicht wirklich allein, denn sie sind ja zu mehreren.

Für viele Menschen ist auch nicht verständlich, warum zum Beispiel ein einzeln lebender Straßenhund draußen prima zurechtkommt, aber nach Vermittlung in ein Zuhause Panikattacken bekommt, wenn er allein gelassen wird. Schließlich war er doch vorher auch ein Einzelgänger, warum macht es ihm jetzt so viel aus, allein zu Hause zu warten. Nun, der Unterschied ist, dass er jetzt eingesperrt wird und nicht mehr frei entscheiden kann, ob er allein sein will oder nicht. Sie können es etwa mit einem als Single lebenden Menschen vergleichen. Es ist ein großer Unterschied, ob jemand allein lebt, aber jederzeit die Möglichkeit hat, nach draußen zu gehen und Freunde oder Bekannte zu treffen oder ob er allein in seiner Wohnung eingeschlossen wird und keine andere Wahl hat, als zu warten, bis ihn jemand aus diesem Zustand befreit – während er gleichzeitig keine Ahnung hat, ob und falls ja, wann dies überhaupt geschehen wird. Sicher können Sie nun gut verstehen, weshalb dieses Gefühl so Angst einflößend für einen Hund ist. Insbesondere für Welpen kann es eine regelrecht traumatische Erfahrung sein, sich plötzlich allein und in Ungewissheit wiederzufinden, denn das ins-

Das Alleinbleiben muss ein Welpe schrittweise lernen.

tinktive Verhalten des jungen Hundes sagt ihm, dass es sehr gefährlich ist, ohne den Schutz der Mutter und der anderen Rudelmitglieder zu sein. In freier Wildbahn könnte das schnell seinen Tod bedeuten.

Die natürliche Reaktion eines Welpen darauf, allein gelassen zu werden, ist die, dass er nach seinen Sozialpartnern (in diesem Fall Ihnen) ruft, was sich durch Fiepen, Bellen, Winseln oder sogar ein herzzerreißendes Heulen bemerkbar macht. Außerdem wird er versuchen, durch die Ausgänge ins Freie zu gelangen, um dort nach Ihnen zu suchen, weshalb Sie Kratzspuren insbesondere an den Türen vorfinden können. Gerät der Welpe schließlich so in Panik, dass er vor lauter Angst nicht mehr klar denken kann, beginnt er in seiner Verzweiflung, alles Mögliche anzuknabbern und uriniert und/oder kotet vor Stress hinein. Soweit sollte es aber nie kommen und deshalb ist es ungemein wichtig, dass Sie das Alleinsein in winzigen Schritten üben.

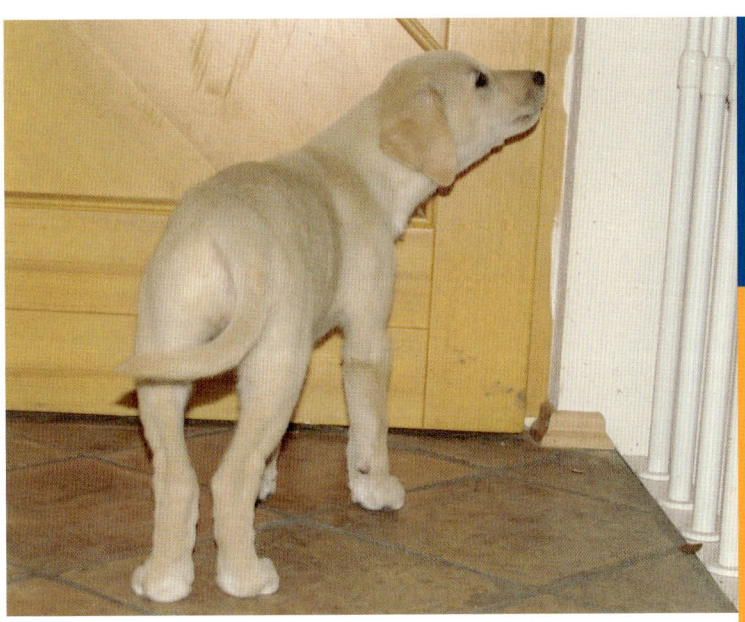

Beginnen Sie zum Beispiel damit, dass Sie einfach einmal den Raum verlassen und nach einem kurzen Augenblick wieder zurückkommen. Bleibt Ihr Welpe dabei vollkommen ruhig, können Sie den Raum schon mal für ein bis zwei Minuten verlassen, bevor Sie zurückkehren. Schließen Sie die Tür dabei nicht, sondern beobachten Sie, ob Ihr Welpe den Drang verspürt, Ihnen hinterherzulaufen. Falls ja, und falls dies immer so ist, kann das ein Hinweis darauf sein, dass er bereits Angst davor hat, allein gelassen zu werden. In diesem Fall sollten Sie sich von einem erfahrenen Trainer helfen lassen.

Die natürliche Reaktion eines Welpen, der allein gelassen wird, ist, an der Stelle nach Ihnen zu rufen, an der Sie ihn verlassen haben.

Bleibt er jedoch gelassen und entspannt, können Sie ihm ein Signalwort beibringen, das ankündigt, dass Sie jetzt für einen kurzen Moment nicht da sind, aber garantiert gleich zurückkommen. Ich sage zu meinen Hunden zum Beispiel immer „Schön warten, ich komme gleich wieder." Gehen Sie dann für einen kurzen Moment durch die Haustür raus und kommen Sie sofort wieder rein. Der Sinn dieser winzigen Übungseinheiten ist, Ihrem Welpen zunächst einmal das Vertrauen zu geben, dass er sich fest darauf verlassen kann, dass Sie gleich wieder da sind und dass er in der Zwischenzeit im häuslichen Umfeld sicher ist.

Für viele Hunde ist es eine Hilfe, wenn man das Radio oder den Fernseher laufen lässt, so dass Stimmen und eine gewisse Geräuschkulisse zu hören sind. Allerdings sollte nicht gerade ein Actionthriller mit lauten Explosionen und wilden Schießereien gesendet werden – das kann eher beängstigend als beruhigend wirken. Eine Kundin von mir legte ihrem Welpen immer die „Bambi" DVD von Walt Disney ein, wenn sie kurz das Haus verließ. ☺

Ein sorgfältig trainiertes Signalwort bedeutet für Ihren Welpen, dass Sie kurz aus dem Haus gehen, aber gleich wieder zurückkehren.

Vielen Hunden ist es eine Hilfe, wenn das Radio oder der Fernseher läuft, solange sie allein zu Hause sind.

Verlassen Sie die Wohnung niemals, wenn Ihr Welpe schläft und dies nicht mitbekommt! Wacht er während Ihrer Abwesenheit auf und weiß nicht, warum er hier allein zurückgelassen wurde, kann das große Angst in ihm auslösen und Sie haben jetzt die Grundlagen für eine generelle Trennungsangst gelegt, deren Therapie Wochen und Monate dauern kann. Gehen Sie lieber auf „Nummer sicher" und üben Sie in so kleinen Zeiteinheiten, dass Ihr Hund vertrauensvoll darauf wartet, wann Sie wieder auftauchen. Ein Gang zum Briefkasten am Gartenzaun oder in die Waschküche im Keller bietet sich für den Anfang an, ganz allmählich können Sie die Zeitabstände dann steigern, bis Ihr junger Hund auch mal für zehn Minuten allein bleibt. Längere Abwesenheiten sollten Sie erst trainieren, wenn Ihr Hund schon einige Monate alt ist.

Sollten Sie bereits einen Hund haben, der an das gelegentliche Alleinsein gewöhnt ist und zu dem Ihr Welpe bereits eine vertrauensvolle Bindung aufgebaut hat, wird es mit Ihrer Abwesenheit kaum Probleme geben. Ihr Welpe wird sich aller Wahrscheinlichkeit nach beim Althund wohl und behütet fühlen. Probieren Sie dies aber sicherheitshalber anfangs mit kurzen Zeitabständen aus.

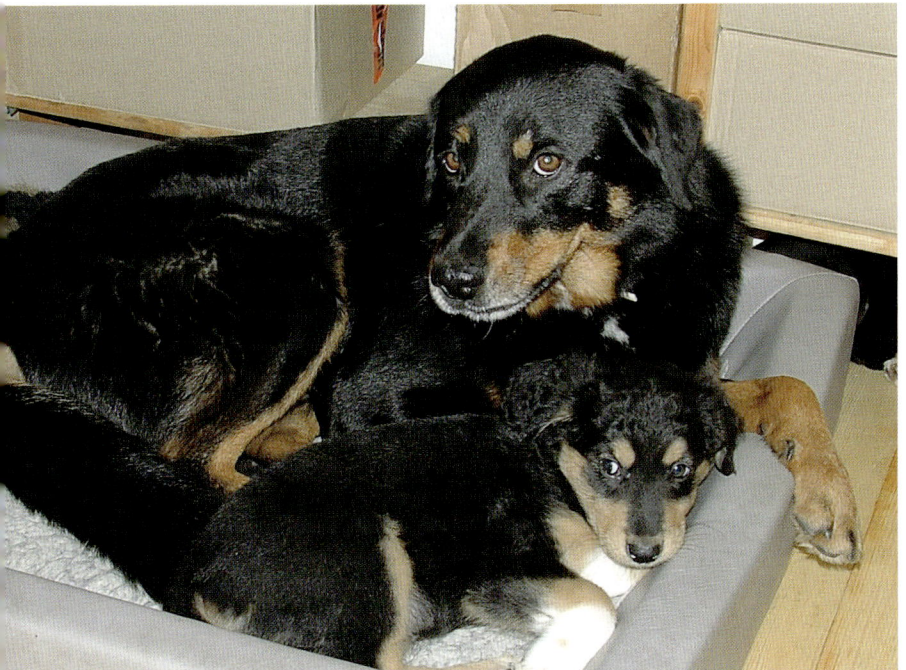

Für Welpen ist es meist einfacher mit einem erwachsenen Hund (der es kennt, dass Sie das Haus verlassen) alleine zu bleiben.

Training zur Futterabgabe
oder Training zur Futteraggression?!

Leider wird Welpenbesitzern noch immer häufig der Rat gegeben, Ihrem Hund gelegentlich das Futter wegzunehmen, damit dieser sich daran gewöhnt und weiß, dass wir Menschen hierzu jederzeit das Recht hätten. Begründet wird diese Übung damit, dass es in einem Hunderudel auch so sei, dass ein Ranghöherer einem Rangniederen jederzeit das Futter nehmen dürfe und dieser das zu akzeptieren habe. Diese Behauptung ist aber falsch! In einem Rudel hat jedes Mitglied das Recht, einmal Erbeutetes zu verteidigen, auch gegenüber Tieren, die in der sozialen Hierarchie weiter oben stehen. Dies ist sehr wichtig zu wissen, denn es lässt Sie verstehen, warum Ihr Welpe ein solches Verhalten überhaupt nicht begreifen kann. Statt also zu trainieren, dass Sie jederzeit an sein Futter können, tun Sie genau das Gegenteil, Sie trainieren Ihren Hund dazu, sein Futter zu verteidigen. Weshalb? Nun, betrachten Sie die Situation aus der Sicht Ihres Hundes, überlegen Sie, wie es Ihnen ergehen würde, wenn Ihnen immer wieder jemand das Essen wegnehmen würde. Passiert dies zum ersten Mal, werden Sie erst einmal sehr erstaunt schauen und mit ebensolchem Erstaunen feststellen, dass Ihnen das Essen auch

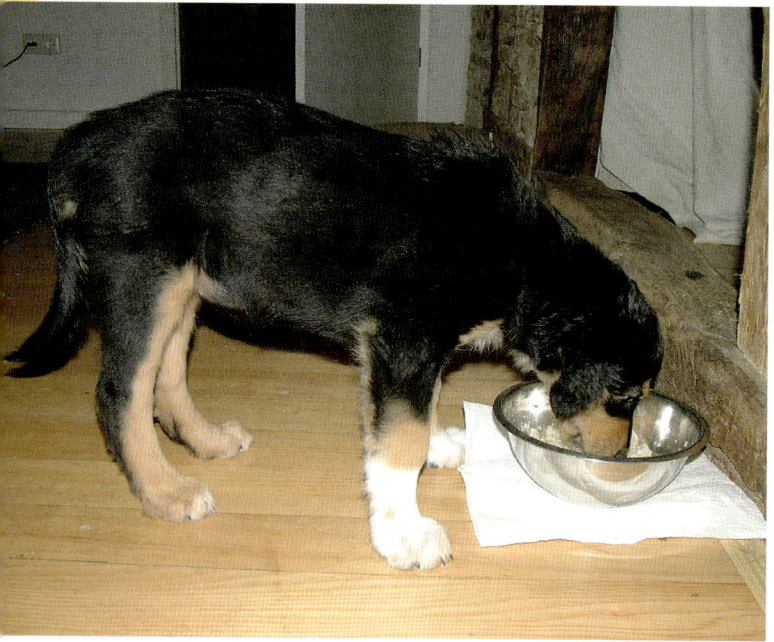

wieder zurückgegeben wird. Sie werden sich wundern, was das Ganze soll, aber schließlich in Ruhe weiter essen. Passiert dies aber innerhalb kurzer Zeit mehrfach, werden Sie irgendwann beim Auftauchen der Person, die Ihnen das Essen immer wegnimmt, den

Lassen Sie Ihren Hund in aller Ruhe fressen, nachdem Sie ihm das Futter hingestellt haben.

Teller festhalten und sagen, dass Sie in Ruhe weiter essen wollen. Ebenso tut es der Hund, indem er kurz knurrt. Das Knurren ist seine höfliche, aber bestimmte Aufforderung, ihn nun endlich in Ruhe zu lassen. Wird dieser Aufforderung nicht nachgekommen, wird er versuchen, sein Futter aktiv zu verteidigen, denn schließlich hat er Hunger und kann das Verhalten des Menschen auch nicht verstehen.

Ein Hund, der sein Futter verteidigt, ist immer einer, der glaubt, es verteidigen zu müssen, sonst würde er es ja nicht tun. Geben Sie ihm keine Veranlassung, sein Futter zu verteidigen, wird er es auch nicht machen. Lassen Sie ihn also in Ruhe fressen, wenn Sie ihm seinen Napf hingestellt haben. Sollte dann wirklich eines Tages eine Situation entstehen, die es notwendig macht, den Napf noch einmal wegzunehmen, wird es keine Probleme geben, weil Ihr Hund sich in erster Linie wundert. Geben Sie ihm dann ein „Tauschleckerchen" (also ein anderes Futter), hat er keinen Grund, aggressiv zu werden. So einfach ist das.

Diese einfachen Kommandos und Übungsanleitungen können Sie Ihrem Hund ganz leicht selbst beibringen. Wenn Sie darüber hinaus mit ihm trainieren möchten oder Rat und Unterstützung bei der Aufzucht Ihres Welpen suchen, kann es sinnvoll sein, eine Hundeschule zu besuchen. Wichtige Hinweise, worauf Sie bei der Auswahl eines Trainers achten sollten, finden Sie auf den folgenden Seiten.

Die Auswahl einer Hundeschule/ eines Trainers

Wenn Sie das Gefühl haben, Unterstützung bei der Erziehung Ihres Hundes zu brauchen oder einfach Lust haben, gleichgesinnte Hundefreunde zu treffen, um gemeinsam etwas zu unternehmen, so kann der Besuch einer professionellen Hundeschule oder eines gut geführten Hundevereins sinnvoll sein. Vielleicht haben Sie sich aber auch ein bestimmtes Ausbildungsziel gesetzt, für das Sie die Anleitung und Erfahrung eines guten Trainers brauchen.

In diesem Fall möchte ich Ihnen dringend ans Herz legen, sich sorgfältig über die Hundeschule, den Trainer oder den Verein zu informieren, für den Sie sich interessieren und genau zu prüfen, wie dort mit Hunden, also auch mit Ihrem, umgegangen wird.

Gute Hundeschulen bieten neben Beratung, Einzeltraining und Gruppenunterricht auch verschiedene Kurse wie z.B. zur Nasenarbeit oder Spiele-Workshops an.

Der Beruf des Hundetrainers kann von jedem ausgeübt werden, der sich dazu berufen fühlt. Der Gesetzgeber schreibt keinerlei abgeschlossene Berufsausbildung oder sonstigen Qualifikationsnachweis vor und dementsprechend unterschiedlich kann die Qualität der Hundeexperten sein, die ihre Dienstleistung anbieten. Das folgende Merkblatt gibt Ihnen einige Hinweise darauf, worauf Sie bei der Auswahl eines Trainers achten sollten.

Wie erkennt man einen guten Hundetrainer?

Der Trainer/ die Trainerin...

... sollte über eine fundierte Ausbildung im Umgang mit Hunden und Menschen verfügen und jederzeit in der Lage sein, diese auch nachzuweisen. Schwammige Versicherungen wie „... ich hab' da mal einen Kurs besucht..." oder „... ich weiß schon Bescheid..." reichen nicht aus!

... sollte selbstverständlich ein breit gefächertes Fachwissen über Hunde haben und in der Lage sein, mit den unterschiedlichsten Rassen, Charakteren und Problemstellungen umzugehen.

... sollte offen sagen, wenn er/ sie noch Berufsanfänger/ in ist und Ihnen einen versierten Kollegen empfehlen, wenn er/ sie sich mit einem Training überfordert fühlt. Im Gegenzug wäre es schön, wenn Sie diese Ehrlichkeit anerkennen und nicht als Schwäche interpretieren... jeder hat einmal in seinem Beruf angefangen!

... muss in der Lage sein zu erkennen, wann Hund und/ oder Halter eine Pause brauchen. Häufig werden beide hoffnungslos überfordert und gehen anschließend verunsichert und frustriert nach Hause.

... sollte eine stationäre Ausbildung ohne Hundehalter ablehnen. Die angeblich sorgfältige Einweisung von ein bis fünf Tagen nach dem Training kann dem Hundehalter niemals vermitteln, in welchen Einzelschritten sein Hund die Trainingsziele erlernt hat und Sie als Hundehalter haben keinerlei Kontrolle darüber, wie Ihr Hund erzogen wurde. Hinzu kommt als großer Nachteil für Sie: Ihr Hund lernt während der Ausbildung, die Übungen mit seinem Trainer/ seiner Trainerin auszuführen, nicht mit Ihnen!

... sollte immer auskunftsfreudig sein und sich bemühen, seinem Kunden so viel Fachwissen wie nur möglich zu vermitteln. Übungen müssen im Aufbau genau erklärt, Ihre Fragen beantwortet werden.

... sollte in der Lage sein, sich ganz individuell mit den einzelnen Hundehaltern auseinander setzen zu können und auch zu wollen! Leider vermissen viele Hundehalter im Training Geduld und Verständnis für ihre ganz persönlichen Fragen und Probleme. Manchmal werden sie sogar unverschämterweise als „unfähig, einen Hund zu führen" bezeichnet.

... sollte selbstverständlich nach neuesten verhaltenskundlichen Erkenntnissen und ohne Einsatz von tierschutzrelevantem Zubehör wie Reizstromgeräten, Anti-Kläff-Halsbändern, Sprühhalsbändern, Ketten- und Stachelwürgern oder Ähnlichem arbeiten. Alle Methoden, die dem Hund Angst oder Schmerzen zufügen, ihn einschüchtern oder in seiner Würde verletzen sind indiskutabel. Der auch heute noch viel geforderte „Kadavergehorsam" sagt viel über die Psyche des Trainers und nichts über die des Hundes aus.

... sollte frei von Profilneurosen sein und nicht ständig damit prahlen, wie gut er/ sie und wie schlecht alle anderen sind. Kollegialität und Fairness sagen eine Menge über die Charaktereigenschaften eines Menschen aus!

... sollte es als Selbstverständlichkeit empfinden, sich ständig fortzubilden und die eigenen Trainingsansätze immer wieder zu überdenken und ggf. zu überarbeiten.

Schließlich noch ein Tipp:
Beobachten Sie Ihren Hund. Er sollte nicht nur gern, sondern möglichst mit Begeisterung in seine Schule gehen! Eine Hundeschule, die Ihr Hund auch nach einigen Trainingsstunden nur unsicher und/ oder widerstrebend besucht, sollten Sie verlassen. Der Hund selbst ist oft das sicherste und auch verräterischste Barometer für die Qualifikation des Trainers und die Qualität der Schule.

Darüber hinaus würde ich Ihnen empfehlen, alle vorgeschlagenen Ausbildungsmethoden und alle Ausrüstungsgegenstände, die dabei zur Anwendung kommen sollen, auf folgende Fragen zu prüfen: Wenn ich mein Hund wäre, möchte ich dann so behandelt werden, macht mir das Lernen so Freude und fühle ich mich rundherum wohl in meiner Schule? Kann ich

meinem Trainer vollkommen vertrauen und mich darauf verlassen, dass er mich zu jedem Zeitpunkt respektvoll, achtsam und fair behandelt? Wenn Sie diese Fragen mit einem Satz wie „Ich weiß nicht so genau", der von einem mulmigen Bauchgefühl begleitet wird, oder sogar mit einem klaren „Nein" beantworten müssen, dann nehmen Sie Ihren Hund und gehen Sie umgehend nach Hause. Erlauben Sie nicht, dass jemand grob, respektlos und fachlich inkompetent mit Ihrem Hund umgeht, denn Sie entscheiden, wie Ihr Hund behandelt wird – und wie nicht! Bedenken Sie, dass Ihr Hund diese Entscheidung nicht selbstständig treffen kann, sondern sich ganz und gar darauf verlassen muss, dass Sie gut auf ihn achtgeben. Wenn Sie nicht einschreiten, ist er einem über Straf- und Schreckreize arbeitenden Trainer auf Gedeih und Verderb ausgeliefert. Machen Sie sich deshalb zum Anwalt Ihres Hundes und lassen Sie sich keinesfalls mit Sprüchen wie „So schlimm ist das nicht", „Da muss er jetzt halt durch, anders geht's nicht" usw. abspeisen. Ein Trainer, der zum Beispiel über einen für den Hund schmerzhaften Leinenruck, mit Einsatz eines Kettenwürgers oder über Einschüchterung des Hundes arbeitet, stellt seine fachliche Inkompetenz unter Beweis und sollte weder Ihren Hund noch Ihr Geld in die Finger kriegen.

Beim Lesen dieser Zeilen spüren Sie vielleicht die Dringlichkeit, mit der sie von mir geschrieben wurden. Dies rührt daher, dass ich im Laufe der Jahre viele Hunde kennen gelernt habe, die von ihren Trainern schlecht behandelt wurden und dann mit Verhaltensproblemen aus

Der Besuch einer Hundeschule soll Hund und Mensch gleichermaßen Spaß machen.

dem Unterricht kamen, die sie vorher gar nicht hatten. Ich habe unzählige Kunden kennen gelernt, die mir erzählt haben, dass sie sich in dieser und jener Hundeschule nicht wohl gefühlt haben mit ihrem Tier, dass ihnen nicht gefiel, wie mit ihm und manchmal auch ihnen selbst umgegangen wurde, dass sie aber glaubten, der Trainer müsse es ja wissen und sie seien schließlich Laien. Ich möchte Ihnen deshalb Mut machen, immer selbst in der Verantwortung für Ihr Tier zu bleiben und niemals zuzulassen, dass selbsternannte Experten Ihren Hund schlecht behandeln – und Ihnen dafür auch noch die Rechnung schicken.

Abgesehen von dieser Warnung möchte ich aber natürlich auch darauf hinweisen, dass es eine Vielzahl von Kollegen gibt, die ihren Beruf fachlich fundiert und mit viel Engagement ausüben. In einer gut geführten Hundeschule/ einem gut geführten Hundeverein können Sie viele schöne Stunden mit Ihrem Hund verbringen, gleichgesinnte Menschen und natürlich auch andere Hunde treffen, sich gegenseitig und mit dem Trainer austauschen, Ratschläge einholen usw. In der Regel werden Einzel- und Gruppenstunden zum Grundgehorsam, Trainings zur Verhaltenskorrektur und auch Aktivitäten wie Hundewanderungen, Spiel- und Spaßgruppen, Nasenarbeitskurse und viele weitere Angebote offeriert, die Sie und Ihren Hund zu einem guten Team werden lassen.

Die meisten Hundeschulen bieten auch Welpenspielgruppen/ Welpenprägungstage an. Ob deren Besuch wirklich sinnvoll ist und worauf Sie bei der Auswahl einer gut organisierten Welpenspielgruppe achten sollten, erfahren Sie im nächsten Kapitel.

Welpenspielgruppen

Welpenspielgruppen sind „in". Sie werden von Züchtern, Tierheimen und Tierärzten empfohlen, oftmals sogar von ihnen selbst durchgeführt. Kaum eine Hundeschule, die nicht Welpenspielgruppen „zum Schnupperpreis" anbietet und mit Slogans wie „Welpenspielgruppe jeden Samstag um 15.00 Uhr – auch Sie sind herzlich eingeladen!" wirbt. Schon der Gedanke an einen ganzen Haufen niedlicher, kleiner Hundekinder, die miteinander spielen und über den Rasen wuseln, lässt unser Herz höher schlagen und schließlich leuchtet die Idee ein, dass der Welpe Kontakt zu Artgenossen braucht, um gut sozialisiert zu werden. Außerdem will man sich ja nicht nachsagen lassen, dass man nicht alles getan hätte, um eine positive Wesensentwicklung zu fördern. Aber tut man das in einer Welpenspielgruppe wirklich? Kommt ganz drauf an, wie sie durchgeführt wird!

Welpenspielgruppen sollten mit viel Sachverstand und nur von erfahrenen Trainern durchgeführt weden.

Etwa Mitte der 80er Jahre stellten Trainer erstmals großflächig das Konzept von Welpenspielgruppen vor. Die Idee einer solchen Gruppe ist, die Verhaltens- und Wesensentwicklung des jungen Hundes zu steuern und zu fördern. Er soll geschult werden

- im Sozialverhalten mit Artgenossen
- im vertrauensvollen und sicheren Umgang mit dem Sozialpartner Mensch
- im Umgang mit Umweltreizen.

Diese Ziele sollen über das psychisch freie Sozial- und Objektspiel erreicht werden. Zusätzlich soll das Informationsbedürfnis der Halter möglichst umfassend gestillt und eine gute Bindung zwischen Hund und Halter aufgebaut werden.

Es ist wohl jedem klar, dass dies sehr sinnvolle und gut durchdachte Ziele sind, aber brauche ich für deren Erreichung wirklich eine Welpenspielgruppe? Betrachten wir die Punkte im Einzelnen.

Förderung des Sozialverhaltens mit Artgenossen

Stellen Sie sich vor, Ihr Nachbar holt heute seinen Welpen ab und integriert ihn in seine Familie. Der Welpe ist dort der einzige Hund und Ihr Nachbar lebt mit ihm ziemlich zurückgezogen. Auf Spaziergängen trifft er praktisch nie andere Hunde, und wenn dies überhaupt passiert, weicht er immer gleich aus. Der kleine Welpe bekommt also kaum einen Artgenossen zu sehen. Wenn Ihr Nachbar nun ein Mal pro Woche zu einer Welpenspielgruppe fährt und sein Hund dort sechs, zehn oder

noch mehr Artgenossen unterschied-
lichster Rassen auf einmal trifft, wird er
dort eher reizüberflutet als sozialisiert,
weil er mit dieser Erfahrung vollkommen
überfordert wird.

Nehmen wir aber umgekehrt an, Ihr Nachbar trifft mit seinem Welpen auf Spaziergängen immer mal wieder andere Hunde
und bleibt dann stehen, damit diese mit
seinem spielen können. Ab und zu geht er
in den nahe gelegenen Park, um seinem
Welpen dort Sozialkontakte mit anderen
Hunden zu ermöglichen. In seinem Freun-
deskreis und in seiner Verwandtschaft gibt
es ebenfalls Hundehalter, die er immer
mal wieder trifft, so dass sein junger Hund
in lockeren Abständen Artgenossen trifft
und mit ihnen Kontakt aufnehmen kann. In
diesem Fall braucht er keine Welpenspielgruppe, um den Hund mit Artgenossen zu
sozialisieren, denn das passiert sowieso

durch die Hundekontakte im sozialen Umfeld Ihres Nachbarn.

Der vertrauensvolle und sichere Umgang mit dem Sozialpartner Mensch
Hier verhält es sich ähnlich wie in obigem Beispiel. Wenn Ihr Nachbar so
abgeschieden lebt und so wenige Menschen in seinem Lebensumfeld
hat, dass sein Welpe nicht gut auf Menschen sozialisiert werden kann,
wird er in einer Welpenspielgruppe, in der fast immer besonders viele
Menschen zusammentreffen, weil nicht nur die Hundehalter, sondern
auch deren Kinder oder Freunde mitkommen, weil es doch so süß ist,
die Welpen anzusehen, vollkommen reizüberflutet, statt sozialisiert.

Verfügt Ihr Nachbar aber über ein ganz normales Lebensumfeld, in dem
sich Familienangehörige, Freunde, Bekannte, der täglich auftauchende
Postbote usw. befinden, trifft der junge Hund sowieso ständig Leute und
wird somit automatisch an sie gewöhnt.

**Für Welpen ist
es wichtig, eine
vertrauensvolle
Beziehung zum
Sozialpartner
Mensch aufbauen
zu können.**

Der Umgang mit Umweltreizen

Sie können es sich sicher schon denken, es verhält sich ähnlich wie bei den anderen beiden Punkten. Wenn sich Ihr Nachbar keinerlei Mühe gibt, den Welpen an Umweltreize wie fahrende Autos, das Klappern einer Waschmaschine im Schleudergang, einen über das Haus fahrenden Heißluftballon und tausend andere Dinge im Leben zu gewöhnen, wird der Welpe durch die vielfältigen Reize in einer Welpenspielgruppe eher reizüberflutet als sozialisiert und dies bedeutet, dass er noch mehr Ängste vor diesen Umweltreizen entwickelt als er eh schon hat.

Nimmt Ihr Nachbar seinen Welpen aber mit in den Garten und zum Einkaufen, geht er mit ihm eine kleine Runde durch das Dorf und besucht er mit ihm verschiedene Orte, so gewöhnt er sich ganz von selbst an die Umweltreize, die in seinem Lebensumfeld Bedeutung haben.

Die gute Bindung zwischen Hund und Halter

Und auch hier gilt wieder: Kümmert sich Ihr Nachbar überhaupt nicht um seinen Welpen, kuschelt und spielt er nicht mit ihm, tut er auch sonst nichts, um eine gute Bindung aufzubauen, so wird eine Stunde Welpenspielgruppe pro Woche

Bei – kurzen – Spaziergängen im Ortsbereich gewöhnt sich Ihr Welpe an Fahrzeuge und fremde Menschen.

auch nichts daran ändern, dass der Welpe kein Vertrauensverhältnis zu seinem Herrchen aufbaut. Tut er aber all diese Dinge, so braucht er keine Welpenspielgruppe, um eine vertrauensvolle und tragfähige Partnerschaft zwischen sich und seinem Hund zu schaffen.

Das Informationsbedürfnis des Halters
soll möglichst umfassend erfüllt werden

Hier kommen wir nun schließlich zu einem der formulierten Ziele, das ein Treffen sinnvoll und nötig macht. Aber um Hundehalter umfassend zu informieren und ihre Fragen zu beantworten, braucht ein Trainer nicht wirklich die Welpen mit dabei. Das Informationsbedürfnis der Halter kann in ein- bis zweistündigen Abendvorträgen erfüllt werden, an deren Anschluss es eine Fragestunde gibt.

Zieht man aus oben Durchdachtem ein Resümee, stellt sich die Frage, ob der junge Hund wirklich den Besuch einer Welpenspielgruppe braucht, um sich gut entwickeln zu können?! Schließlich haben sich Generationen von Hunden wunderbar entwickelt, ohne überhaupt jemals eine Hundeschule besucht zu haben. Irgendwie ging das doch, während einem Hundehalter heutzutage oftmals eingeredet wird, sein Tier konne nur gut erzogen sein und über einen einwandfreien Charakter verfügen, wenn man eine Hundeschule besuche. Die „Schullaufbahn" eines ganz normalen Haushundes beginnt dann mit der Welpenspielgruppe, die in der Regel in eine Junghundegruppe übergeht. Dann folgt die Raufer-

gruppe und schließlich die Gruppe zur Vorbereitung auf die Begleithundeprüfung. Damit nicht genug, sollte der Hund danach zumindest noch einen Kurs in Agility oder einer ähnlich gelagerten Disziplin absolvieren, damit er eine Aufgabe hat und sich nicht langweilt.

Noch nie gab es so viele Angebote zur Ausbildung und Beschäftigung von Hunden, noch nie so viele Hundeschulen, Kynoexperten, Hundeflüsterer und Tierpsychologen – und noch nie so viele hyperaktive, aggressive oder sonst irgendwie verhaltensauffällige Hunde. Das sollte uns doch zu denken geben! Wo liegen die Ursachen dafür?

Ich bin überzeugt davon, dass falsch durchgeführte Welpenspielgruppen einen ganz wesentlichen Anteil zu dieser Entwicklung beitragen. In dem Bemühen, die noch sehr jungen Hunde gut zu sozialisieren, ihnen alle möglichen Umweltreize zu zeigen und bloß nichts unversucht zu lassen, sie zu fördern, werden sie so vielen Reizen ausgesetzt, dass sie schlichtweg gestresst und reizüberflutet werden. Der Organismus eines – noch dazu so jungen – Tieres ist nicht darauf ausgelegt, sich mit so vielen neuen Eindrücken gleichzeitig über einen relativ langen Zeitraum auseinander zu setzen. Denn die meisten Welpenspielgruppen dauern eine Stunde oder länger, ein Zeitraum, den Welpen normalerweise nicht am Stück spielen.

Keinesfalls sollte es Ihrem Hund in der Welpengruppe erlaubt sein, andere Welpen zu drangsalieren oder zu mobben.

Überhaupt wird mit dem Zusammentreffen von zig unterschiedlichen Welpen, die sich zunächst gar nicht kennen und sich vollkommen neu aneinander orientieren müssen, eine Situation geschaffen, die normalerweise gar nicht vorkommt. Spielt ein Welpe mit anderen Welpen, so sind dies in freier Natur, bei einem Züchter oder im Tierheim seine Wurfgeschwister, die er von Geburt an kennt. Er weiß jeden einzelnen einzuschätzen und befindet sich in einer durch die Mutter oder ein anderes Alttier kontrollierten Situation. Niemals würde ein Rudel seine Welpen vollkommen sich selbst überlassen, immer ist die Mutter oder ein sogenannter „Babysitter" anwesend, der regulierend eingreift, wenn sich das Spiel zu sehr aufheizt.

Es konnte auch noch nie beobachtet werden, dass eine Hundemutter mit Vollendung der zum Beispiel neunten Lebenswoche beginnt, ihren Nachwuchs einem ganzen Haufen von Reizen auf einmal auszusetzen. Ganz im Gegenteil werden die Welpen behütet und bewacht, immer wieder aufgefordert, nach einer kurzen Abwesenheit wieder in den Kern des Lagers zurückzukehren und nach kurzen Spieleinheiten wieder zur Ruhe zu kommen, damit sie nicht überfordert werden. Instinktiv machen die Hundemütter es ganz richtig, denn aus der Stressforschung beim Menschen weiß man aus Langzeitstudien, dass Kinder, die in früher Kindheit zu vielen Reizen ausgesetzt werden oder sogar traumatische Erfahrungen durchleben mussten, diese nur scheinbar unbeschadet überstehen. Zunächst sieht es so aus, als würden diese noch ganz jungen Organismen den durchlebten Stress und/ oder das durchlebte Trauma schnell verarbeiten und in eine ganz normale Entwicklung zurückfinden. Man stellte aber fest, dass diese Menschen im Alter von 15 bis 25 Jahren plötzlich zu Hyperaktivität, Verlassenheitsängsten und diversen anderen Angstzuständen neigten und schneller nervös und ungeduldig wurden als Menschen, die solche Ereignisse nicht erfahren mussten. Auffällig ist dabei auch, dass die Probleme oftmals mit dem Einsetzen der Hormonschwankungen während der beginnenden Pubertät starten.

Und tatsächlich ist es so, dass viele Hundehalter, die mit einem erwachsenen verhaltensauffälligen Tier in meine Hundeschule kommen, nach der Welpenzeit befragt angeben, dass ihr Hund in einer Welpenspielgruppe war, in der er sehr vielen „Sozialisierungsreizen" ausgesetzt war und durch den dort sehr hohen Stresslevel aller anwesenden Hunde gemobbt wurde. In der Regel begannen die ersten handfesten Probleme dann in der bei Hunden sogenannten „Rüpelphase", die nichts anderes ist als die einsetzende Pubertät. Diese Beobachtungen teile ich mit Kollegen aus Deutschland, Österreich, England, den USA, Kanada, Japan, Norwegen, Dänemark, Holland und Italien – sie alle bestätigen diesen Trend.

Sicher sind schlecht durchgeführte Welpenspielgruppen nicht der einzige Grund dafür, dass wir zunehmend Probleme mit Hunden haben. Der ganz normale Alltagsstress und eine stark denaturierte Umwelt wirken sich nicht nur auf uns Menschen zunehmend negativ aus, sondern auch auf unsere Hunde. Übermäßig strenge Erziehungsmaßnahmen schüchtern sie ein und verhindern, dass sich ihre Psyche normal und angstfrei entwickeln kann, und körperliche Einwirkungen wie der Leinenruck, der Wurf auf den Rücken und andere Unsinnigkeiten schädigen ihre Gesundheit, was in Folge auch wieder zu Verhaltensauffälligkeiten führt. Aber es ist einer gesunden Wesensentwicklung definitiv nicht zuträglich, wenn Ihr Hund im zarten Alter von wenigen Lebenswochen zu vielen Reizen ausgesetzt wird und/ oder negative bis traumatische Erlebnisse durchlaufen muss. Deshalb sollten Sie eine Welpenspielgruppe sehr sorgfältig auswählen. Erfüllt sie die im Folgenden aufgelisteten Kriterien nicht, sollten Sie von einem Besuch Abstand nehmen, denn – um es ganz deutlich zu sagen – Ihre Chance auf einen gut sozialisierten, nervenstarken, in sich ruhenden Hund ist deutlich größer, wenn Sie zu Hause bleiben, als wenn Sie eine schlecht organisierte und mangelhaft durchgeführte Welpenspielgruppe besuchen!

Worauf Sie bei der Auswahl
einer Welpenspielgruppe achten sollten

🐾 Zunächst einmal ist wichtig, dass der Trainer, der die Gruppe leitet, sehr erfahren im Umgang mit Hunden und insbesondere mit Welpen ist. Leider ist dies meistens nicht der Fall, sondern ganz im Gegenteil werden die Trainer, die gerade neu beginnen, erst einmal zu den Spielgruppen geschickt. So nach dem Motto: „Fang erst mal mit den Kleinen an, später darfst Du dann auch mit den erwachsenen Hunden arbeiten." Aber gerade bei den Welpen, die sich in lernintensiven Lebensphasen befinden und jede neue Information tief verwurzelt abspeichern, sollte nur ein sehr kompetenter Trainer arbeiten, denn die Fehler eines Anfängers sitzen beim Welpen viel tiefer als beim erwachsenen Hund.

🐾 Der Welpe sollte mindestens seit fünf Tagen in seinem neuen Zuhause sein, bevor er an einer Spielgruppe teilnimmt, damit er seinen Menschen schon als Bezugsperson kennen gelernt hat und weiß, an wen er sich wenden kann, wenn er während der Spielgruppe einmal Zuflucht suchen möchte.

🐾 An der Welpenspielgruppe sollten nicht mehr als sechs oder maximal acht Hunde teilnehmen, sonst ist sowohl der Welpe mit Verarbeitung der vielen neuen Bekanntschaften und Reize überfordert als auch der Trainer mit der Beaufsichtigung aller anwesenden Menschen und Hunde. Bedenken Sie, dass mit jedem Welpen nicht nur der Halter, sondern oft auch noch dessen Kinder, ein Freund oder die Oma mitkommen, die sich das lustige Treiben der bunten Hundekinder ansehen wollen. Der Trainer muss nun alle Welpen im Blick behal-

Häufig sind bei einer Welpenspielgruppe mehr Menschen als Hunde anwesend – da fällt es schwer, die Übersicht zu behalten.

ten und beim Aufkommen schwieriger Situationen eingreifen, als auch alle anwesenden Menschen im Umgang mit den jungen Hunden anleiten, insbesondere die Kinder. Eine gerade Teilnehmerzahl bietet sich deshalb an, weil die Welpen in der Regel Spielpaare bilden, ist jedoch nicht Bedingung.

🐾 Bei der Zusammenstellung der Gruppe muss die biologische Gleichaltrigkeit beachtet werden. Das bedeutet, dass die Welpen auf einem etwa gleichen psychischen und physischen Entwicklungsstand sind. Ein neun Wochen alter Zwergdackel und ein ebenso alter Neufundländer können nicht gut zusammen spielen. Wenn der Neufundländer dem Zwergdackel freundschaftlich mit der Pfote auf den Rücken tapst, ist das für den Dackel schmerzhaft und erschreckend und so beginnt er, Ängste vor großen Hunden zu entwickeln und genau das ist ja nicht Ziel einer Welpenspielgruppe.

🐾 Der Trainer sollte eingreifen, wenn ein Welpe von anderen drangsaliert wird. Auf keinen Fall sollte Ihnen erzählt werden, die Tiere machten das schon unter sich aus. Denken Sie daran, dass in einer echten Welpenspielsituation unter Wurfgeschwistern immer ein Alttier Aufsicht führt und eingreift, falls das Spiel zu grob wird. Dies ist bei uns Menschen ja auch nicht anders, erfahrene Eltern greifen regulierend ein, wenn sich das Toben und Rangeln im Kinderzimmer zu sehr aufheizt – und zwar möglichst, bevor die ersten Tränen fließen.

Ein erfahrener Althund in der Welpengruppe zeigt den Kleinen die Welt ...

🐾 Der Einsatz von ein oder zwei gut sozialisierten Alttieren kann unschätzbare Dienste leisten. Kein Mensch kann die Situation zwischen Hunden so gut einschätzen und so adäquat und schnell eingreifen wie ein Hund. Aber selbstverständlich macht der Einsatz von Alttieren nur dann Sinn, wenn diese auch wirklich liebevoll, geduldig und fürsorglich mit den Welpen umgehen und daran auch selbst Freude

... und schlichtet Streitigkeiten zwischen den Welpen.

haben. Auf keinen Fall darf der Trainer Hunde einsetzen, die eigentlich am liebsten gar nicht hier wären oder sogar grob mit den Kleinen umgehen! Den früher viel zitierten „Welpenschutz", der angeblich beinhaltet, dass ein Welpe tun und lassen kann, was er will, gibt es übrigens nicht. Selbstverständlich werden auch dem Welpen Grenzen gesetzt, denn er muss ja erzogen werden. Tatsächlich ist es aber so, dass es eine Art „erhöhte Toleranzgrenze" gibt, was bedeutet, dass ein Welpe sich in der Regel mehr herausnehmen darf als ein erwachsenes Tier, ehe er diszipliniert wird und dass diese Disziplinierung auch sanfter ausfällt.

🐾 Umweltreize sollten sparsam eingesetzt werden, denn der Welpe soll sozialisiert werden und nicht reizüberflutet und gestresst. Ein bis zwei Neureize wie zum Beispiel eine knisternde Folie zum Darüberlaufen oder ein im Wind flatternder Luftballon reichen vollkommen aus. Achten Sie auch darauf, dass nicht vollkommen unsinnige Reize eingesetzt werden. In manchen Spielgruppen werden die Welpen zum Beispiel in einen Einkaufswagen gesetzt und herumgefahren oder mit einem Planwagen mit Pferdegespann kutschiert. Dann hopst plötzlich ein Mensch durch den Raum, der sich einen Plastikmüllsack über den ganzen Körper gestülpt hat, mit Gucklöchern für die Augen im Gesichtsbereich. Beim Anblick solcher Aktivitäten frage ich mich, was das soll?! Wo ist der Realitätsbezug? Sollte mir eines Tages beim Einkaufen ein Mann mit über den Kopf gestülptem blauem Müllsack entgegenhopsen, signalisiert mir mein Hund dann: „Aha, Frauchen, nicht wundern, den habe ich schon in meiner Welpenspielgruppe kennen gelernt"? oder was?! Und da mein Mann nicht jeden Montag die Pferde vor den Planwagen spannt und wie beim amerikanischen TV-Dauerbrenner der 70er Jahre „Die Waltons" zum Einkaufen fährt, braucht mein Hund auch nicht lernen, wie man da richtig mitfährt. Normalerweise sitzt mein ausgewachsener Hovawartmischling auch nicht artig im Einkaufswagen, wenn ich im Supermarkt den Wocheneinkauf erledige. Ein Hund muss in heutiger Zeit so viele Dinge lernen, die im Alltag wirklich wichtig sind und gebraucht werden, dass er sich mit solchem Firlefanz nicht beschäftigen muss und sollte.

🐾 Kommandos haben in einer Welpenspielgruppe nichts zu suchen! Denken Sie daran, dass die Erreichung der Ziele einer Spielgruppe über das psychisch freie Sozial- und Objektspiel angestrebt wird. Dies bedeutet, dass der Welpe selbstständig, also psychisch frei, entscheiden kann, ob, wie lange und auf welche Art und Weise er sich mit einem Reiz auseinander setzt. Wenn der Hund nun ein Kommando bekommt, ist er nicht mehr psychisch frei, sondern auf seinen Menschen und dessen Auftrag konzentriert.

Den Aufbau von Kommandos sollten Sie in aller Ruhe und mit möglichst geringer Ablenkung mit Ihrem Welpen üben.

Hinzu kommt aber noch ein weiterer, eventuell noch wichtigerer Punkt. Es gibt in der Hundeszene sehr viele verschiedene Strömungen und Richtungen. Die Trainer können sich kaum (und meistens gar nicht) darüber einigen, welche Methode die beste ist und ob der Hund über Druck- und Starkzwang oder lieber über den Einsatz von Motivationsmitteln geführt werden soll.

Ganze Glaubenskriege wurden entfacht über die Frage der richtigen Halsung und des Einsatzes verschiedenster Hilfsmittel. Nur in einem scheint (nach eingehender Recherche) doch Einigkeit zu bestehen: Alle sind der Meinung, dass man ein Kommando zunächst ohne Ablenkungsreize aufbaut und erst nach dem grundsätzlichen Verstehen durch den Hund unter allmählich steigernden Ablenkungsreizen immer zuverlässiger in der Ausführung einübt. Nur für Welpen scheint das nicht zu stimmen?! Kaum ein Hund ist so vielen Reizen ausgesetzt wie ein Welpe in seiner Welpenspielgruppe. Da wird gerasselt und gescheppert, um den Hund an Geräusche zu gewöhnen, er soll über unterschiedliche Bodenbeschaffenheiten wie Folien, Steine, Gitter usw. laufen, um diese kennen zu lernen, dann soll er Hindernisse überqueren, um diese als ungefährlich abzuspeichern. Währenddessen sausen fünf bis sieben Artgenossen um ihn herum, die

eigentlich mit ihm spielen wollen, und nicht zu vergessen in dieser Aufzählung sind all die vielen Menschen, die ihre Hunde in der Gruppe begleiten – und in all diesem Durcheinander soll der junge Hund sich dann auf Kommandos konzentrieren und Neues lernen?! Ja, wie denn??? Eben gar nicht, weshalb die Welpen festgehalten, am Hintern ins Sitz herunter gedrückt, an der Leine herangezogen oder sogar ausgeschimpft werden, wenn sie den an sie gestellten Erziehungserwartungen nicht entsprechen – gar nicht entsprechen können.

Interessant finde ich in solchen Situationen die Bemerkung einiger Trainer, die behaupten: „Versuch es einfach mal, wenn er das Kommando jetzt nicht macht, dann ist es auch egal, dann hat er jetzt eben nichts gelernt und holt es später nach." Das ist eine grandiose Fehleinschätzung, denn der Welpe hat jetzt gerade sehr wohl etwas gelernt! Allerdings

Pausen während des Lernens sind wichtig für den jungen Hund. Während sich die Welpen ausruhen, bleibt Zeit für kurze Vorträge und praktische Tipps.

etwas, das Ihnen nicht ganz recht sein dürfte, nämlich dass es egal ist, ob man ein Kommando ausführt, das Herrchen oder Frauchen gerade gegeben haben – oder ob man es nicht tut.

🐾 Die Welpenspielgruppen sollten ein- bis zweimal pro Woche stattfinden und die Dauer des einzelnen Treffens sollte eine Stunde nicht überschreiten. Dabei ist aber wichtig, dass die Welpen nicht eine Stunde permanent miteinander spielen, denn das würde sie vollkommen überfordern. Die Spielphasen werden immer wieder von Ruhepausen unterbrochen, also könnte ein Treffen etwa so aussehen, dass die Welpen für ca. zehn Minuten miteinander spielen dürfen, dann werden sie von ihren Haltern angeleint und jeder Mensch setzt sich mit seinem Hund auf eine mitgebrachte Decke im Abstand von zwei bis drei Metern.

Während sich die Welpen ausruhen, kann der Trainer einen kurzen vorbereiteten Vortrag zu einem Thema rund um den Welpen halten, um Fachwissen zu vermitteln, das bei der Aufzucht und/ oder Erziehung hilft. Danach dürfen die Welpen wieder zehn bis fünfzehn Minuten frei miteinander spielen, bis sie sich wieder mit ihren Haltern auf den Decken ausruhen, während der Trainer Fragen der Halter beantwortet. Schließlich könnten die Welpen zum Abschluss des Treffens gefüttert werden, was bei richtiger Durchführung den Vorteil hat, einer innerartlichen Futteraggression vorzubeugen. Hierbei ist darauf zu achten, dass jeder Welpe eine kleine Portion (2-3 Esslöffel) seines eigenen Futters in seinem eigenen Napf bekommt. Alle Tiere sind dabei an lockerer Leine angeleint und befinden sich in einem Abstand von mind. zwei Metern zueinander. Nachdem sie aufgegessen haben, gehen alle nach Hause. So lernen die jungen Hunde, dass sie in aller Ruhe fressen können, dabei nicht gestört werden, ihnen aber auch nicht erlaubt wird, andere zu stören, denn jeder bleibt auf seinem Platz. Welpen, die mit Übelkeit beim Mitfahren im Auto zu kämpfen haben, sollten den Hundeplatz verlassen, bevor das Futter für die anderen ausgepackt wird.

🐾 Die Örtlichkeiten, an denen die Welpenspielgruppe stattfindet, müssen den Witterungsbedingungen angepasst sein. Im Winter sollte sich die Gruppe zum Beispiel nicht draußen treffen, denn gerade durch feuchte Kälte wie bei Schneeregen oder Schneematsch kann sich ein Welpe schnell erkälten oder eine Blasenentzündung einfangen. Außerdem spielt er nicht entspannt, wenn er vor Kälte zittert. Auch übermäßige Hitze tut einem Welpen nicht gut, weshalb die Welpenspielgruppe im Hochsommer entweder drinnen oder in den frühen Morgen- oder Abendstunden stattfinden sollte und immer ausreichend viel Wasser zur Verfügung stehen muss.

🐾 Schließlich sollte der Trainer bemüht sein, Ihnen möglichst viel zu erklären und zu zeigen, wie Sie in Situationen, die dies erfordern, richtig eingreifen. Er selbst sollte sich möglichst zurückhalten und nur dann in Aktion treten, wenn ein schnelles Eingreifen erforderlich ist und keine Zeit für Erklärungen bleibt. Denn schließlich geht es darum, die Bindung zwischen Ihnen und Ihrem Hund zu stärken. Selbstverständlich soll und darf der Welpe auch ein vertrauensvolles Verhältnis zu seinem Trainer aufbauen, insbesondere, wenn weiterführende Unterrichtseinheiten geplant sind. Eine freudige Begrüßung und liebevolle Verabschiedung zwischen den beiden sind ebenso wünschenswert wie eine grundsätzlich freundliche und fröhliche Atmosphäre auf dem Übungsplatz. Aber in Situationen, die für Ihren jungen Hund eventuell bedrohlich wirken oder die ihn im Begreifen zunächst überfordern, sollten Sie der wichtigste Ansprech- und Vertrauenspartner für Ihren Welpen sein, denn dies sind wichtige Grundlagen für eine gute Bindung.

Eine so durchgeführte Welpenspielgruppe macht allen Beteiligten Freude und lohnt den Besuch. Sie fördert den jungen Hund, ohne ihn zu überfordern und hilft, wichtige Grundlagen für sein späteres Leben zu legen. Trotzdem sollte Ihnen klar sein, dass die Gewöhnung des Welpen an Artgenossen, den Sozialpartner Mensch und diverse Umweltreize nicht wirklich während dieser wöchentlichen Treffen zu erreichen ist, sondern nur durch ein kontinuierliches Heranführen an diese Ziele im täglichen Miteinander. Auch eine gute Bindung erreichen Sie nicht über den Besuch einer Welpenspielgruppe, sondern dadurch, dass Ihr Welpe weiß, dass er Ihnen vertrauen und sich in allen Situationen auf Sie verlassen kann. Mit anderen Worten: Eine gut durchgeführte Welpenspielgruppe kann Sie bei diesen Aufgaben ein wenig unterstützen – nimmt Ihnen aber die Arbeit nicht ab.

Medizinisches Basiswissen rund um den Welpen

Ein Welpe muss auch mal zum Tierarzt. Sei es zur Impfung und Entwurmung, sei es, weil es Probleme beim Zahnwechsel gibt, er Durchfall hat, sich die Pfote verletzt hat oder sonst irgendwie krank ist. In diesem Kapitel finden Sie Hinweise darauf, wie Sie ihn am besten auf einen Besuch in der Tierarztpraxis vorbereiten, mit welchen „Kinderkrankheiten" zu rechnen ist und wann und wie Sie am besten impfen und entwurmen.

Die oberste Regel ist, dass Sie in jedem Fall einen guten Tierarzt aufsuchen, wenn Sie das Gefühl haben, dass sich Ihr Welpe ungewöhnlich benimmt, sich nicht wohl fühlt, besonders anhänglich wird oder sogar Schmerzäußerungen zeigt. Die folgende Übersicht zeigt Ihnen, wie Sie diese erkennen:

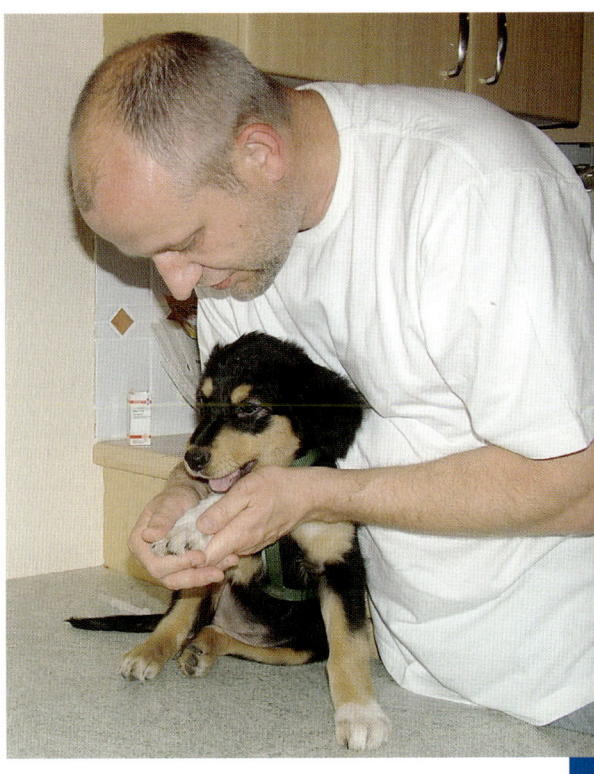

Die Schmerzäußerungen beim Hund

- ❀ Aufschreien, Aufjaulen (bei plötzlich auftretendem Schmerz oder der Angst davor, weil eine Situation an das Auftreten des Schmerzes erinnert)
- ❀ Stöhnen, Fiepen oder Winseln
- ❀ die Augen werden halb, eventuell sogar ganz geschlossen
- ❀ ein tiefes, langgezogenes Ausatmen mit leichtem Aufstöhnen
- ❀ Zittern (oftmals in rhythmischen Wellen besonders an den Flanken, aber auch anderen Körperregionen)
- ❀ Hecheln, Schwitzen

Zeigt Ihr Welpe Anzeichen von Krankheit oder Unwohlsein, sollten Sie ihn von einem Tierarzt untersuchen lassen.

- beschleunigte und/ oder flache Atmung
- Entlastung der betreffenden Körperstelle
- Belecken der betreffenden Körperstelle
- Abwehrverhalten, wenn man die betreffende Körperstelle berühren will
- Verkriechen, Absonderung durch Aufsuchen von abgelegenen Liegeplätzen oder – genau das Gegenteil – auffallend große Anhänglichkeit

Die Normwerte

Um einigermaßen beurteilen zu können, ob Ihr Hund Krankheitserscheinungen zeigt, hilft es, die wichtigsten Normwerte zu kennen, denn sonst fehlt der Vergleich für die Abweichung.

Die Körpertemperatur beträgt 37,5 bis 38,4°C beim erwachsenen Hund und liegt beim Welpen im oberen Referenzbereich etwas höher, nämlich bei 38,9°C. Die Pulsfrequenz beim erwachsenen Hund liegt bei 70 bis 120 Schlägen pro Minute, wenn er keine besondere Aufregung empfindet. Hat er aber Schmerzen aufgrund einer Verletzung oder Stress, weil er zum Beispiel beim Tierarzt im Behandlungsraum sitzt, kann der Puls deutlich höher sein. Beim Welpen liegt die Pulsfrequenz generell etwas höher und kann durchaus 150 Schläge pro Minute betragen. Die Atemzüge pro Minute betragen im Ruhezustand 10 bis 30 pro Minute und auch diese sind beim Welpen eher im höheren Bereich zu finden.

Besonders schmerzempfindliche Körperregionen

- die Nase
- die Lippen
- der Ohransatz
- die Oberschenkelinnenseite
- die ventrale Schwanzfläche

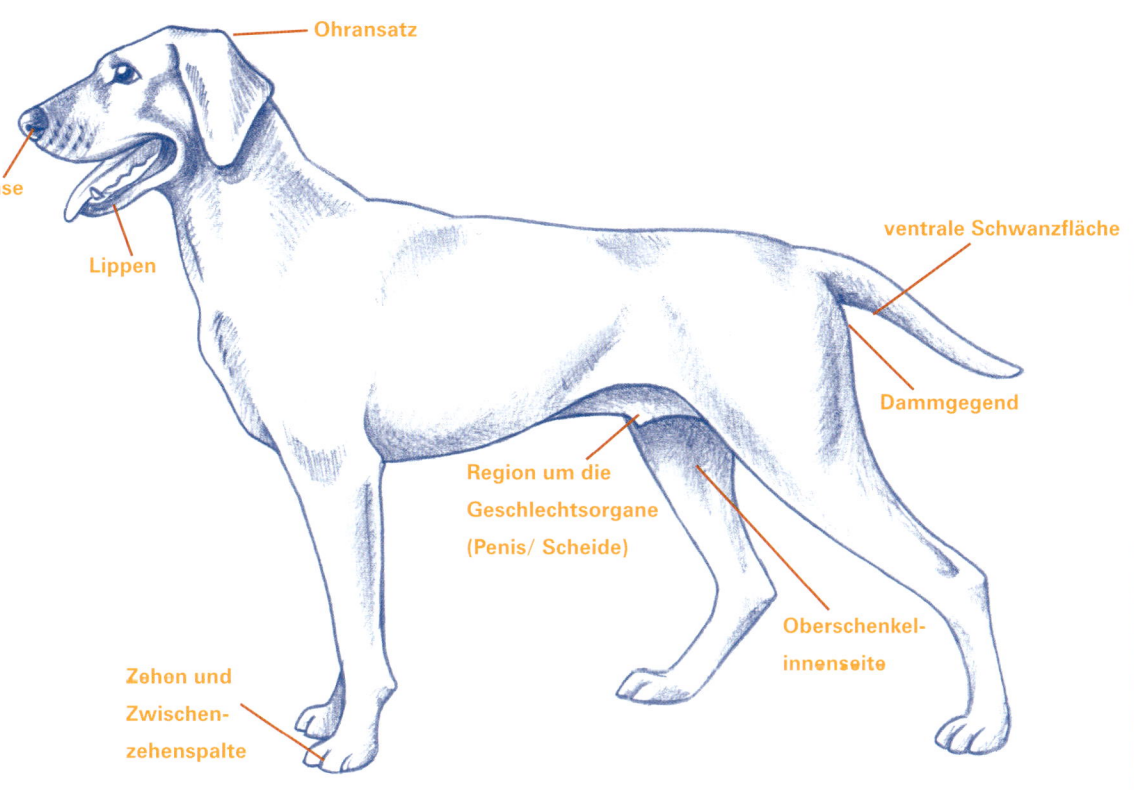

Ohransatz

ventrale Schwanzfläche

Nase

Lippen

Dammgegend

Region um die
Geschlechtsorgane
(Penis/ Scheide)

Oberschenkel-
innenseite

Zehen und
Zwischen-
zehenspalte

🐾 die Dammgegend
🐾 die Region um die Geschlechtsorgane (Penis/ Scheide)
🐾 die Zehen und Zwischenzehenspalte

Selbstverständlich kann Ihr Hund auch an jedem anderen Körperteil Schmerzen haben, aber die oben genannten Körperregionen sind besonders empfindlich.

Krankheiten erkennen

Bestimmte Krankheiten kommen beim Welpen gehäuft vor, so zum Beispiel die Blasenentzündung, Bauchweh, Durchfall und Probleme beim Zahnwechsel. Gehen wir diese im Einzelnen durch, damit Sie sie schnellstmöglich erkennen und dann gleich mit Ihrem Hund den Tierarzt aufsuchen können, denn aus eigener leidvoller Erfahrung weiß ich, welch große Vorwürfe man sich macht, wenn man erst recht spät erkennt, dass mit dem Tier etwas nicht stimmt, für das man verantwortlich ist und ja auch sein möchte.

Eine Blasenentzündung erkennen Sie daran, dass Ihr Hund sehr häufig uriniert, aber nur geringe Mengen von Harn absetzt. Eventuell winselt er dabei etwas, weil die abführenden Harnwege entzündet sind und deshalb das Durchlaufen des Urins ein schmerzhaftes, brennendes Gefühl hinterlässt. Oftmals trinkt der Welpe mehr als gewöhnlich und hat eine erhöhte Temperatur und manchmal erkennen Sie eine Blasenentzündung daran, dass ein eigentlich schon stubenreiner Welpe plötzlich wieder ins Haus macht. Beim Verdacht auf eine Blasenentzündung müssen Sie mit Ihrem Welpen unbedingt zum Tierarzt, damit diese antibiotisch und/ oder entzündungshemmend behandelt wird, denn bei einer verschleppten Blasenentzündung kann es zum Aufsteigen der Keime in die Nierenbecken kommen. Hier droht die Gefahr einer Schädigung, die lebenslängliche Probleme nach sich ziehen kann.

Hat ein erwachsener Hund Durchfall, kann man ruhig einen Tag abwarten, ob sich der Stuhlgang von allein wieder regelt, bei einem Welpen aber nicht! Sein Flüssigkeitshaushalt befindet sich in einem sehr sensiblen Gleichgewicht, das durch breiigen oder wässrigen Kot schnell erheblich gestört werden kann. Gleiches gilt für Erbrechen. Sollte Ihr Welpe ein paar zuvor gefressene Grashalme hervorwürgen und danach wieder mopsfidel weiterspielen, müssen Sie natürlich nicht im Eiltempo zum Tierarzt. Erbricht er aber innerhalb eines Tages zum zweiten oder dritten Mal, ist er eventuell schlapp, hat einen aufgeblähten Bauch und wirkt er lustlos, sollten Sie unbedingt zur Untersuchung, denn für diese Symptome gibt es viele Ursachen, von denen manche harmlos sind, andere aber schnell gefährlich für den jungen Hund werden können. Eine gründliche Untersuchung durch den Tierarzt ist in diesem Fall also wichtig.

Der Zahnwechsel

Ähnlich wie bei Menschenkindern kann es auch bei Welpen zu erheblichen körperlichen Beschwerden wie Fieber, Zahnweh, Zahnfleischentzündungen und Schlafstörungen kommen, wenn im vierten Lebensmonat der Zahnwechsel einsetzt, der mit Vollendung des siebten Lebensmonats abgeschlossen ist. Die körperlichen Beschwerden werden oft von allgemeiner Unruhe, Lustlosigkeit und Quengeligkeit begleitet. Zeigt Ihr Welpe die o.g. Symptome, ziehen Sie bitte einen Tierarzt zu Rate. Häufig kommt es nämlich vor, dass der Hund wegen seiner Zahnschmerzen nichts oder nur wenig frisst, dadurch abnimmt, stumpfes

Während des Zahnwechsels hat der Welpe ein erhöhtes Kaubedürfnis.

Fell bekommt und allgemein körperlich abbaut, was in den Hauptwachstumsphasen, in denen er sich zu diesem Zeitpunkt befindet, nicht gut ist. Zusätzlich zur tiermedizinischen Abklärung und Behandlung können Sie Ihrem Welpen diese schwierige Zeit durch folgende Maßnahmen erleichtern:

❀ Geben Sie Ihrem Hund gekühlte Kauringe, auf denen er herumnagen darf und die sein erhöhtes Kaubedürfnis befriedigen. Ebenfalls eine gute Idee ist es, ihm frische (!) Weidenzweige zum Kauen anzubieten, denn diese enthalten entzündungshemmende Stoffe.

- Fordern Sie ihn jetzt nicht übermäßig und sorgen Sie dafür, dass er seinem in dieser Zeit normalerweise erhöhten Schlafbedürfnis nachkommen kann.
- Bieten Sie ihm weiches, saftiges Futter und entsprechende Leckerchen an, die er mühelos kauen und abschlucken kann.

Worauf Sie sonst noch achten können:

- Kontrollieren Sie seine Zähne und schauen Sie, ob die Milchzähne bei Durchbruch der zweiten Zähne auch wirklich ausfallen. Ist dies nicht der Fall, muss der Tierarzt die Milchzähne unter Betäubung ziehen, da es sonst zu Zahnfehlstellungen kommen kann.
- Bedenken Sie das erhöhte Kaubedürfnis Ihres Welpen und achten Sie vermehrt darauf, was er anknabbert. Viele Welpen fangen in dieser Zeit nämlich an, an Stuhl- und Tischbeinen oder Teppichen zu nagen.
- Oftmals fallen der Zahnwechsel und die zweite Fremdelphase zeitgleich zusammen, was zur Folge hat, dass der Welpe ziemlich „durch den Wind" ist. Begegnen Sie ihm in dieser Zeit mit viel Geduld und Verständnis und lassen Sie ihn nicht länger als wenige Minuten allein.

Parasiten

Grundsätzlich unterscheidet man sogenannte Endo- und Ektoparasiten. Endoparasiten befinden sich im Inneren eines Wirtstieres, während Ektoparasiten auf oder in der Haut leben. Die bekanntesten Endoparasiten sind

🐾 Würmer, von denen es viele verschiedene Arten gibt, und

🐾 Kokzidien (Einzeller), die zu Durchfall führen können.

Die bekanntesten Ektoparasiten sind

🐾 Zecken (sie übertragen die gefährliche Borreliose)

🐾 Flöhe (sie übertragen den Bandwurm)

🐾 Läuse

🐾 Haarlinge und

🐾 Milben.

Die meisten dieser Parasiten führen zu erheblichem Juckreiz, weshalb der Hund sich ständig kratzt. Auf die wund gekratzte Haut können sich dann sogenannte Sekundärinfektionen setzen, die zu weiteren Erkrankungen führen.

Eine regelmäßige Kontrolle auf Parasiten und gegebenenfalls eine Behandlung gegen sie ist also wirklich sinnvoll und wichtig für die Gesundheitsvorsorge. Dringend abraten möchte ich Ihnen allerdings von der prophylaktischen Behandlung, die von vielen Pharmakonzernen und auch Tierärzten (beide wollen die entsprechenden Mittel natürlich gern verkaufen) angeboten werden. Der Hund wird hierbei mit chemischen Mitteln behandelt, die durchaus belastend für seinen Organismus sind, ohne dass zuvor festgestellt wurde, ob er überhaupt einen Parasitenbefall aufweist. Tierärzte argumentieren gern damit, dass die Untersuchung des Kots auf Wurmbefall etwa ebenso teuer ist wie die Mittel zur Behandlung, also könne man sich doch Geld sparen und diese gleich anwenden. Aber so sorglos sollte mit dem körperlichen Wohlbefinden Ihres Hundes – insbesondere wenn er noch sehr jung ist – nicht umgegangen werden.

Um zum Beispiel festzustellen, ob Ihr Hund verwurmt ist und eine entsprechende Behandlung auch wirklich braucht, können Sie je ein haselnussgroßes Kotstückchen von drei aufeinander folgenden Haufen einsammeln und Ihrem Tierarzt zur Untersuchung im Labor bringen. So kann nicht nur festgestellt werden, ob Ihr Tier überhaupt Würmer hat, sondern auch, falls dies so ist, welche. Dies zu wissen ist von großem Vorteil für die Wahl des Mittels und den Zeitpunkt der Nachkontrolle. Mit einer Wurmkur tötet man nämlich nur adulte (erwachsene, geschlechtsreife) Würmer ab, während juvenile (jugendliche) Stadien überleben. Haben sich diese wiederum zu adulten entwickelt, muss in der Regel eine zweite Wurmkur gegeben werden, ehe Ihr Hund dann wirklich wurmfrei ist.

Nach Zecken können Sie Ihren Hund nach Spaziergängen absuchen und auch Flöhe sind mit bloßem Auge erkennbar. Sollte

sich eine Zecke am Körper Ihres Hundes festgesaugt haben, lassen Sie sich von einem erfahrenen Hundehalter oder Ihrem Tierarzt zeigen, wie man diese mit einem kurzen heftigen Ruck am Kopfansatz entfernt. Inzwischen bieten auch diverse Hersteller alle möglichen Versionen von Zeckenzangen an, die diese Entfernung erleichtern. Bei Befall von Flöhen, Läusen oder Ähnlichem lassen Sie sich von Ihrem Tierarzt ein geeignetes Mittel zur Bekämpfung geben. In Regionen, in denen durch Zecken übertragbare Krankheiten vorkommen oder in einem Lebensumfeld (Bauernhof, Tierpension usw.), in dem Flöhe sehr häufig auftreten, kann es sinnvoll sein, eine prophylaktische Behandlung durchzuführen. Auch hier wird Ihnen Ihr Tierarzt geeignete Mittel empfehlen.

Ein Hund sollte übrigens niemals gleichzeitig entwurmt und geimpft werden. Hat Ihr Hund nämlich wirklich einen Parasitenbefall, kann es vorkommen, dass der Impfstoff nicht richtig greifen kann. Deshalb gilt die Regel: Sorgen Sie zuerst dafür, dass er parasitenfrei wird, sofern er dies nicht sowieso ist, und lassen Sie dann impfen.

Impfungen

Lange Zeit waren Impfungen stark umstritten und auch heute noch wird unter Hundehaltern heftig diskutiert, ob der eigene Vierbeiner geimpft werden soll oder nicht. Lassen Sie sich auch hierbei am besten vom Tierarzt Ihres Vertrauens beraten. Er wird Ihnen einen geeigneten Impfplan zusammenstellen und erklären. Tatsache ist, dass viele für unsere Hunde gefährliche Krankheiten zurückgegangen sind, eben weil Impfstoffe gegen sie entwickelt wurden und zur Anwendung kamen und die Statistik sagt, dass ein Schutz gegen sie besteht, solange etwa 70% der Hundepopulation geimpft ist. Sind es weniger als diese 70%, droht der erneute Ausbruch dieser Krankheiten.

Gegen folgende Krankheiten kann jeder Hund durch Impfung geschützt werden:

🐾 Die ansteckende Leberentzündung **(Hepatitis contagiosa canis)** wird durch einen Virus verursacht. Die Symptome sind Fieber, Erbrechen und Durchfall, während des Krankheitsverlaufs kann es zu Leberschädigungen und zu Problemen mit dem Atem- und Verdauungsapparat kommen. Auch die Augen und manchmal sogar das Zentralnervensystem können in Mitleidenschaft gezogen werden. Oft sind die erkrankten Hunde nicht mehr zu retten. Da diese Krankheit vorwiegend junge Hunde trifft, ist es wichtig, Welpen gegen sie impfen zu lassen.

🐾 Die **Parvovirose**, auch Katzenseuche genannt, macht den Hunden seit Mitte der siebziger Jahre schwer zu schaffen. Nach anfänglichen Fehlschlägen konnte ein Impfstoff entwickelt werden. Der Erreger ist ein Virus, der vorwiegend Welpen und Junghunde befällt. Erbrechen und blutiger Durchfall sind die auffälligsten Symptome dieser Krankheit, die bis zum Darmvorfall führen kann. Die Krankheit hat eine hohe

Sterblichkeitsrate, die Tiere sterben an Erschöpfung, Unterernährung und völlig desolatem Flüssigkeitshaushalt (Austrocknung von innen).

❧ Die **Leptospirose** (auch Stuttgarter Hundeseuche genannt, da sie erstmals in Stuttgart auftrat) macht sich vor allem durch Apathie, Erbrechen, Fieber und Schwierigkeiten beim Atmen und manchmal auch beim Laufen bemerkbar. Mitunter wird auch eine Gelbsucht beobachtet. Wird die Krankheit rechtzeitig erkannt, kann man sie zwar heilen, besser ist aber in jedem Fall ein jährlicher Impfschutz. Bei dieser Krankheit sollte man übrigens geeignete Hygienemaßnahmen nach Kontakt mit dem Hund ergreifen, da sie auch den Menschen befallen kann.

❧ Die **Staupe** hat dank der ständigen Impfungen viel von ihrem Schrecken verloren. Die Krankheit befällt vor allem junge Hunde, wenn sie nicht geimpft sind. Sie haben Fieber, sind teilnahmslos und bekommen einen zuerst wässrigen, dann teilweise eitrigen Ausfluss aus Mund und Nase. Aber auch Durchfall (die Darmform der Staupe) und Probleme beim Atmen (Lungenstaupe) kommen vor. Auch die sogenannte Nervenstaupe wird immer noch beobachtet und ist sicherlich die am meisten gefürchtete Form der Krankheit. Bei jungen Hunden sind die Heilungsaussichten bei einer Staupeinfektion leider nicht gut.

❧ Die **Tollwut** ist eine Infektionskrankheit, die durch Biss übertragen wird. Die Inkubationszeit beträgt drei Wochen bis drei Monate, selten bis zu einem Jahr. Die Krankheitssymptome beginnen mit Rötung der Bissnarbe und Kopfschmerzen, dann folgen Krämpfe der Schlund-, Kehlkopf- und Atemmuskulatur mit Erstickungsgefühl, Atemnot, starkem Speichelfluss bei qualvollem Durst ohne schlucken zu können. Schließlich kommt es zur Herzlähmung, die zum Tode führt. Die Tollwut ist eine Zoonose, was bedeutet, dass sie vom Hund auf den Menschen und umgekehrt übertragbar ist. Da diese Krankheit sehr gefährlich ist, kann ein Amtstierarzt Ihren Hund schon bei Verdacht auf eine Infektion unter Quarantäne stellen oder sogar seine Einschläferung anordnen, falls er keinen gültigen Impfschutz nachweisen kann!

🐾 Die **Borreliose** wird durch den Biss der Schildzecke übertragen. Anfangs kommt es zu Müdigkeit, Appetitlosigkeit, Schlappheit und Fieber. Im weiteren Verlauf treten dann Symptome wie Steifheit der Gliedmaßen, Schwellungen, Schmerzen der Gelenke und Lahmheiten auf und zeigen sich meist erst Wochen, manchmal sogar Monate nach dem Zeckenbiss. Borreliose wird über eine mindestens vierwöchige Antibiose behandelt, die Prognose ist unsicher, da es immer wieder zu Rückfällen und auch lebensgefährlichen Erkrankungen kommen kann. Insbesondere wenn Sie in einem Gebiet wohnen oder Ihren Urlaub in einer Region planen, in der viele Zecken vorkommen, sollten Sie Ihren Hund durch eine Impfung vor dieser Infektionskrankheit schützen. Vor der Impfung wird über eine Blutentnahme der sogenannte Titer bestimmt, der Auskunft darüber gibt, ob sich der Organismus Ihres Hundes bereits mit dem Erreger auseinander gesetzt hat oder nicht.

🐾 Als **Zwingerhusten** bezeichnet man ein komplexes Symptombild, das aus verschiedenen viralen und bakteriellen Infektionen der oberen Luftwege besteht. Der Name Zwingerhusten ist übrigens irreführend, da diese Erkrankung nicht nur bei Hunden vorkommt, die in Zwingern leben. Sie wird über Tröpfcheninfektion übertragen und kann überall dort vermehrt auftreten, wo viele Hunde zusammen kommen, zum Beispiel in großen Zuchtanlagen, im Tierheim, in einer Tierpension, auf Ausstellungen und Zuchtschauen usw. Wenige Tage nach der Ansteckung treten Atembeschwerden, Husten, der sich bis zum Würgereiz steigern kann und Nasenausfluss auf. Die Luftröhre und Bronchien sind entzündet. Bei längerem Verlauf kommt es zu einem eitrigen Ausfluss aus der Nase, Fieber und allgemeiner Schlappheit. Ein langer und komplizierter Verlauf der Krankheit kann auch zum Tode führen.

Zwingerhusten tritt häufig dort auf, wo viele Hunde auf engem Raum zusammenleben.

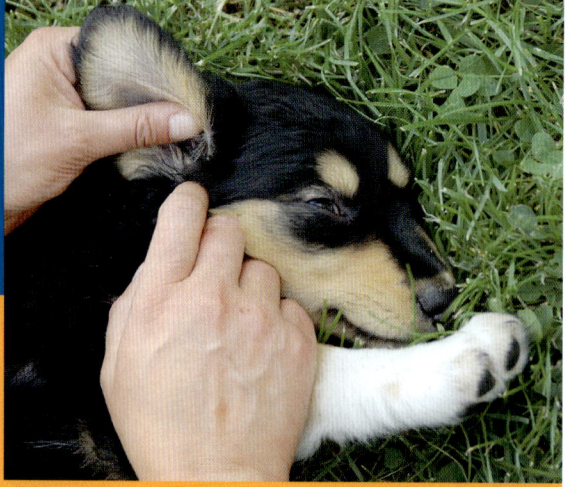

Vorbereitung auf den Tierarztbesuch

Sie können Ihrem Hund durch ein paar einfache, gelegentlich ausgeführte Übungen den irgendwann einmal nötigen Besuch beim Tierarzt erleichtern. Schauen Sie ihm ab und zu in die Ohren, heben Sie seine Lefzen hoch, um die Zähne anzusehen, untersuchen Sie vorsichtig seine Pfoten und Krallen und tasten Sie ihn behutsam ab. Anfangs sollten Sie ihm für jeden einzelnen Übungsschritt ein Leckerchen geben, später dann nur noch zum Schluss. Wenn Ihr Hund an solche Untersuchungen gewöhnt ist, wird er bei einem Besuch beim Tierarzt viel gelassener sein, was diesem auch die Arbeit erleichtert.

Ähnliche spielerisch ausgeführte Übungen empfehlen sich übrigens auch für die Gewöhnung an die Körperpflege, wie zum Beispiel das Bürsten, Kämmen, Abputzen der Pfoten usw. Üben Sie diese Abläufe von klein auf und gehen Sie dabei behutsam und rücksichtsvoll mit Ihrem jungen Hund um, dann wird er diese Pflegemaßnahmen als selbstverständlich kennen lernen und keine Angst vor ihnen haben.

Schauen Sie Ihrem Welpen ab und zu in die Ohren, heben Sie seine Lefzen hoch, um die Zähne anzusehen, untersuchen Sie vorsichtig seine Pfoten und Krallen und tasten Sie ihn behutsam ab.

Zusätzlich können Sie Ihren Tierarzt gelegentlich „einfach nur so" besuchen, denn beim Welpen speichert sich sonst sehr schnell ab, dass dieser Ort mit diesem Menschen nur aufgesucht wird, wenn es irgendwo weh tut oder gleich weh tun wird. Das bedeutet natürlich nicht, dass Sie unangemeldet auftauchen und den Praxisablauf stören sollen. Aber die meisten Tierärzte nehmen sich gern die zwei bis drei Minuten Zeit, die es dauert, einen Hund kurz zu begrüßen, ihm ein Leckerchen zu geben und ihn wieder zu verabschieden. Für einen Welpen ist das eine ganz tolle Erfahrung – er wird mit positiver Erinnerung an den netten Menschen zurück denken, der Leckerchen gefüttert hat und sehr freundlich war und dementsprechend freudig die Praxis betreten, wenn Sie das nächste Mal dorthin fahren. Stellen Sie sich vor, Sie hätten einen Termin beim Zahnarzt, kämen voller Unbehagen in seine Praxis – und würden freundlich mit einem kleinen Stück Kuchen empfangen und nach dessen Verzehr wieder nach Hause geschickt. Wäre das nicht toll?!

Gedanken zum Schluss

Wenn ich einen Welpen sehe, fasziniert mich immer der Gedanke, wie kurz dieses kleine Lebewesen erst auf der Welt ist – und wie ereignisreich und spannend der Weg sein wird, der vor ihm und seinen Menschen liegt.

Wenn Sie gerade einen Welpen zu sich genommen haben, genießen Sie diese sehr intensive Zeit des Zusammenwachsens, beobachten Sie seine Entwicklung, freuen Sie sich daran, wie aus ihm zunächst ein „Teenager" und schließlich ein erwachsener Hund wird. Jeder Lebensabschnitt eines Hundes birgt seine Besonderheiten, bei der Welpenzeit ist es unter anderem die Geschwindigkeit, mit der er vergeht…

Ich würde mir wünschen, dass alle Kinder dieser Welt in einem Zuhause voller Liebe, Verständnis und Geborgenheit aufwachsen könnten, Tierkinder wie Menschenkinder. Leider ist das nicht so, aber jetzt liegt es an Ihnen, für dieses eine, ganz besondere kleine Lebewesen in Ihrem Leben die Verantwortung zu übernehmen und alles zu tun, damit es glücklich wird. So wie Gewalt immer neue Gewalt erzeugt, erzeugt Glück immer neues Glück. Deshalb sollten wir niemals zulassen, dass grob und gemein mit unserem Hund umgegangen wird, und deshalb wird uns warm ums Herz, wenn uns unser Welpe den Kopf in den Schoß legt und mit einem erschöpften Seufzer über die spannenden Ereignisse des Tages vertrauensvoll einschläft.

Ich hoffe, dass ich Ihnen mit diesem Buch Anregungen und Tipps geben konnte, die Sie auf einen guten gemeinsamen Weg bringen. Meine wichtigste Botschaft ist die, Ihren jungen Hund im gut gemeinten Sinne des Wortes zu „vermenschlichen". Gehen Sie davon aus, dass er in den großen wichtigen Gefühlen wie Trauer, Schmerz, Angst, aber auch Freude, Glück und Liebe ganz ähnlich empfindet wie Sie selbst. Ich bin überzeugt davon, dass Sie damit die besten Voraussetzungen für ein glückliches und erfülltes gemeinsames (Er)Leben schaffen.

Dank

Es gibt ein paar Menschen, die zum Gelingen dieses Buches beigetragen haben und denen ich für ihre Unterstützung danken möchte.

Meinem Mann danke ich für das Verständnis und die Geduld, die er mir und meiner Arbeit entgegenbringt. Niemals hörte ich in all unseren gemeinsamen Jahren ein böses Wort oder auch nur eine Beschwerde, wenn ich stundenlang, oft tagelang in meiner Arbeit abtauchte und kaum Zeit für ihn oder die Dinge unseres täglichen Lebens hatte. Dieses Buch ist nun fertig, das nächste schon in Arbeit – das alles ist nur mit ihm gemeinsam möglich.

Dr. Michael Lehner danke ich für die fachliche Beratung beim Kapitel über die tiermedizinischen Grundlagen und Sonja Höttger für die guten Ideen, die sie zu diesem Buch beigesteuert hat.

Ein ganz herzlicher Dank geht auch an alle Menschen, die mir die schönen Fotos zur Verfügung stellten, die zum Gelingen dieses Buches beigetragen haben.

Preciosa, meiner Katze, danke ich für die Gesellschaft in den vielen Stunden am Schreibtisch und allen meinen Hunden, Pferden und anderen Katzen dafür, dass sie sich in meinem Leben eingefunden haben und mich auf meinem Weg begleiten.

Bildnachweis

Assisi Tierschutzengel Wyhl e.V.: S. 45

Susanne Artmann: S. 6, 21

Dagmar auf der Maur, Retriever in Not e.V.:
S. 20 unten, 22

Sandra Brose-Preising: S. 5, 69 rechts

Veronika Buckel: S. 87

Mirjam Cordt: S. 129

Angelika Evans: S. 20 oben, 23

Annette Gevatter: S. 5, 29, 30, 32, 34 unten, 35,
36 –43, 51, 52, 56, 58, 59, 61 – 63, 67, 68, 70, 76,
79, 81, 83 – 86, 90, 93 – 96, 100, 101, 105, 106
oben, 112, 114 – 116, 119, 122, 126, 131

Ute Gräff-Rudolph: S. 5, 46, 57, 72, 73

Britta Ludewig: S. 6

Andreas Maurer: S. 48, 50, 100, 102 – 104,
107 – 110, 113

Conny Pagel: S. 69 links, 111

Fam. Pöltl: S. 12

Burkhard Pretzer: S. 31, 40, 91, 106 unten, 134

Mareike Rohlf: S. 6, 44

Katharina Rücker-Weininger: S. 134

Petra Schmidt: S. 33, 55

Olaf Schröder: S. 14, 136, 140

Dagmar Spörl: S. 82, 98, 118

Andreas Wille: S. 5, 6, 28, 53, 54, 60, 64, 65, 74,
88, 89, 124, 130

alle anderen Fotos: istockphoto, fotolia, pixelio

Anhang

Kontaktadressen von Tierschutzorganisationen, falls Sie einem Welpen oder erwachsenen Hund ein Zuhause geben möchten:

Häuser der Hoffnung e.V.
Am Anger 36, 83233 Bernau
Telefon: +49 8051/ 961 710
www.Haeuser-der-Hoffnung.de

Tierschutzverein Tier-reich
Obfrau: Sabine Neumann
Fernitz 8, A-3564 Plank am Kamp
Telefon: +43 676 45 322 45
E-Mail: info@tier-reich.at
www.tier-reich.at

proTier e.V.
Eichenallee 29, 41469 Neuss
Telefon: +49 (0) 2137 14027
E-Mail: kontakt@protier-ev.de
www.protier-ev.de

Stich- und Sachwortverzeichnis

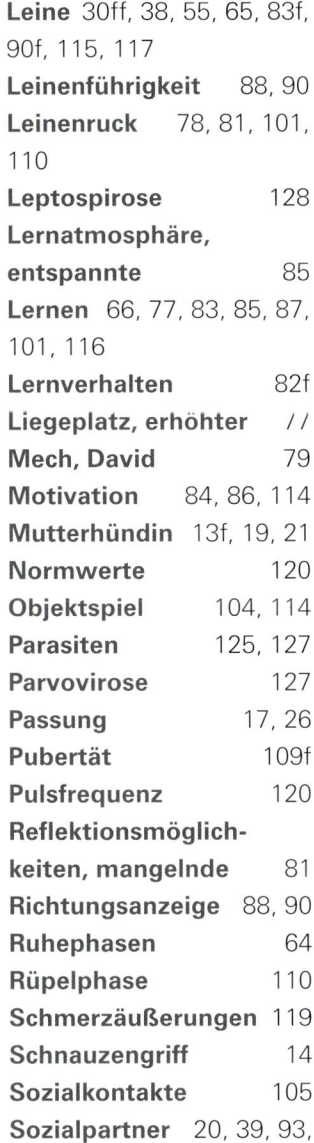

Buchtipps

Calming Signals
Die Beschwichtigungssignale der Hunde

Turid Rugaas

Wie ihre Vorfahren, die Wölfe, verfügen Hunde über ein fein abgestuftes Kommunikationssystem zur gegenseitigen Verständigung. Forschungen beschreiben bestimmte Merkmale ihrer Körpersprache als „cut off signals". Sie dienen dazu, Aggressionen zu stoppen oder gar nicht erst aufkommen zu lassen. Lange Zeit glaubte man, dass diese Signale im Verhaltensrepertoire von Hunden nicht zu finden seien.

Turid Rugaas hat über zwanzig Jahre lang diese Phänomene bei Hunden beobachtet und mit dem Begriff der „Beschwichtigungssignale" einer breiten Öffentlichkeit zugänglich gemacht. In diesem Buch erklärt sie, warum, wann und wie Beschwichtigungssignale von Hunden eingesetzt werden, wie wir Menschen die Signale erkennen, deuten und sogar selbst einsetzen können. So wird es jedem möglich, zu einem besseren Verständnis seines eigenen, aber auch fremder Hunde zu gelangen.

Hardcover, 104 Seiten, mit zahlreichen Farbfotos und Fallbeispielen, ISBN 978-3-936188-01-1

Stress bei Hunden
Martina Scholz/ Clarissa v. Reinhardt
mit einem Vorwort von Anders Hallgren

Stress bei Hunden – ein Thema, das immer mehr an Bedeutung gewinnt. Die Autorinnen zeigen in ihrem Buch, dass Stress nicht nur bei Menschen, sondern auch bei Hunden die Lern- und Konzentrationsfähigkeit erheblich beeinflusst und sogar zu Verhaltensauffälligkeiten und Krankheiten führen kann.

Das Buch behandelt unter anderem folgende Themen:

- Definition: Was ist eigentlich Stress?
- Stressfaktoren – wodurch wird Stress beim Hund ausgelöst?
- Anzeichen und Auswirkungen von Stress
- Möglichkeiten, Stress abzubauen und zu vermeiden

Anhand von Fallbeispielen zeigen uns Martina Scholz und Clarissa v. Reinhardt, wie wichtig der Aspekt Stress im täglichen Umgang mit dem Hund ist und was wir tun können, um Konfliktsituationen zu entspannen oder zu vermeiden.

Hardcover, 152 Seiten, mit zahlreichen Farbfotos und Fallbeispielen, ISBN 978-3-936188-04-2

Kastration & Sterilisation beim Hund
Dr. Michael Lehner, Clarissa v. Reinhardt

Kaum ein Thema wird so kontrovers und emotionsgeladen diskutiert wie das der Kastration/ Sterilisation des Hundes.

Dr. Michael Lehner und Clarissa v. Reinhardt, die seit mehr als 20 Jahren erfolgreich in der Tiermedizin, der Verhaltenstherapie und dem Tierschutz tätig sind, haben eine Studie zum Thema durchgeführt, deren Ergebnisse hier erstmals veröffentlicht werden und zahlreiche Theorien widerlegen, die in den vergangenen Jahren rund um das Thema Kastration/ Sterilisation aufgestellt wurden.

Weiterhin tragen sie in diesem Buch alle Informationen zum Thema zusammen, um dem interessierten und verantwortungsvollen Hundehalter einen umfassenden Einblick ins Thema zu geben, der die Basis für die Entscheidung pro oder contra Kastration/ Sterilisation bilden kann.

Aus dem Inhalt:

Die Gesetzeslage und der Tierschutz // Die Geschlechtsorgane des Hundes // Kastration und Sterilisation, Operationstechniken und Nachsorge // Medizinische Indikationen für OE/ OHE/ Kastration // Nicht operative hormonelle Eingriffe bei Rüde und Hündin // Die Sexualhormone beim Hund und deren Regelung // Die Kastrationsstudie 2012 // Die großen Irrtümer // … und vieles mehr!

Hardcover, 136 Seiten, mit zahlreichen
farbigen Abbildungen; ISBN: 978-3-936188-63-9

Das Alphasyndrom
Über Führung und Rangordnung bei Hunden –
was das ist und was nicht

Anders Hallgren

Die Diskussion über die Bedeutung von Rangordnung, Führung und Dominanz in unserer Beziehung zu Hunden ist in vollem Gange – und wird meist hitzig geführt. Manche Trainer sehen in diesen Begriffen den Schlüssel zum Verstehen unserer vierbeinigen Begleiter schlechthin und interpretieren mangelnden Gehorsam oder unerwünschte Verhaltensweisen als Versuch des Hundes, sich über dominantes Verhalten im Rang nach oben zu bringen, möglichst gleich über die Rangposition seines Halters.

Andere Trainer belächeln diese Ansicht als völlig antiquiert, wissenschaftlich nicht haltbar und fragen provokant, ob es wirklich der Hund sei, der hier ein Dominanzproblem habe.

Anders Hallgren möchte mit seinem vorliegenden Buch einen Beitrag dazu leisten, Begriffe wie Rangordnung, Führung, Dominanz usw. zunächst einmal klar zu definieren und ihren wissenschaftlichen Hintergrund zu beleuchten.

Hardcover, 136 Seiten, mit zahlreichen farbigen Abbildungen, ISBN 978-3-936188-32-5

Buchtipps

Die Welt in seinem Kopf
Über das Lernverhalten von Hunden

Dorothée Schneider

Dorothée Schneider konnte in ihrer über 20-jährigen Tätigkeit als Trainerin einen weitgreifenden, positiven Wandel in der Hundeszene miterleben: Veraltete Ausbildungsmethoden, die den Hund mit Drill und Härte in ein gewünschtes Verhalten zwingen, sind passé. Die gewaltfreie Ausbildung und Erziehung unter Berücksichtigung rassespezifischer Verhaltensweisen ist heute in aller Munde und setzt neue Maßstäbe für ein harmonisches Miteinander zwischen Mensch und Hund.

Das vorliegende Buch vermittelt auf anschauliche und verständliche Weise dieses Fachwissen rund um das Thema Lernen bei Hund und Halter. Mit diesem Wissen sind Sie in der Lage, Methoden und Trainingsanweisungen auf ihre biologische Stimmigkeit hin zu überprüfen. Ist das Training „gehirngerecht" aufgebaut? Stimmt die angebotene Ausbildungsmethode mit dem Wesen Ihres Hundes überein? Hat der Hund Spaß an seinem Training?

Hardcover, 166 Seiten, mit zahlreichen farbigen Abbildungen, ISBN 978-3-936188-19-6

Hunde achtsam führen
Über belohnungsbasiertes Training
und bedürfnisorientierten Umgang

Maria Rehberger

Immer mehr Menschen wünschen sich einen achtsamen, respektvollen und freundlichen Umgang mit ihrem Hund. Der Schwerpunkt der Erziehung hat sich in den letzten Jahren darauf verlagert, die Bindung zu vertiefen und Vertrauen aufzubauen, denn beides ist unbedingte Voraussetzung für eine positive und ausgeglichene Wesensentwicklung.

Maria Rehberger beschreibt in ihrem neuen Buch, wie man mit belohnungsbasiertem Training und bedürfnisorientiertem Umgang das Zusammenleben zwischen Mensch und Hund in diese Richtung lenken kann und welche Vorteile das hat. Dabei gibt sie auch zu bedenken, dass Hunde die vielen Erwartungen, die an sie gestellt werden, nicht immer und nicht alle erfüllen können und dass es an uns Menschen liegt, Möglichkeiten und Grenzen dessen, was man von ihnen verlangen kann, zu erkennen.

Aus dem Inhalt:
Was es heißt, Grenzen zu setzen // Bedürfnisse von Hunden // Hunde souverän im Alltag führen // Grundlegendes zum Thema Lernen // Nachteile eines strafbasierten Trainings // Umgang mit unerwünschtem Verhalten // Gemeinsam zum Trainingserfolg

Hardcover, 184 Seiten, mit zahlreichen farbigen Abbildungen, ISBN 978-3-936188-78-3

Qualitätsgeschirre und -leinen von

together

- schützen Halswirbelsäule, Kehlkopf, Muskulatur und Bindegewebe Ihres Hundes

- erhöhen die Verkehrssicherheit durch schnelleren Zugriff ohne Würgen im Halsbereich

- gewährleisten höheren Tragekomfort durch nickelfreie Stahlringe, weiches Gurtmaterial und der Körperform angepasste Verschlüsse

- sind an allen Enden größenverstellbar und in vielen Farben erhältlich

- passende Leinen in allen Farben und zwei verschiedenen Stärken

www.together-zubehör.de